RIEN NE VA PLUS !

L'auteur

Née à Rabat, au Maroc, **Anne-Marie Pol** a eu une enfance et une adolescence voyageuses. Cette vie nomade l'a empêchée d'accomplir son rêve : être ballerine. Elle a vécu en Espagne où elle a travaillé comme mannequin pendant une dizaine d'années. En 1980, de retour à Paris, après des études théâtrales à la Sorbonne, elle se décide à réaliser un autre grand rêve : écrire. Son premier roman paraît en 1986. Depuis, elle a écrit de nombreux livres, dont certains sont maintenant traduits en plusieurs langues. Ses ouvrages sont publiés chez Bayard Éditions, Mango, Flammarion, Hachette, Grasset.

Vous êtes nombreux à nous écrire
et vous aimez les livres de la série

Danse!

Adressez votre courrier à :
Pocket Jeunesse, 12, avenue d'Italie, 75013 Paris.
Nous transmettrons vos lettres
à l'auteur, qui vous répondra.

Danse !

Anne-Marie Pol

Rien ne va plus !

2e édition

POCKET
jeunesse

Nous remercions Janine Stanlowa, directrice du Jeune Ballet de Paris, de nous avoir amicalement prêté les costumes qui apparaissent en couverture des titres de la série DANSE !

Malgré leurs noms de famille empruntés à l'histoire du ballet, les personnages de ce roman sont fictifs. Toute ressemblance entre eux et des personnes existant, ou ayant existé, est le fruit du hasard.

ISBN : 2-266-10756-9

Loi n° 49 956 du 16 juillet 1949 sur les publications destinées à la jeunesse : février 2001.

Tu danses,
tu as dansé,
tu rêves de danser...
Rejoins vite Nina et ses amis.
Et partage avec eux
la passion de la danse...

Pour Françoise Trocmé-Constant,
et les amis du voyage en Égypte...

Résumé de DANSE ! n° 12 :
Nina se révolte

À peine revenue de Madrid, Nina a eu un petit accident à la cheville. Impossible de faire les pointes ! Même si la radio ne révèle pas grand-chose, elle est angoissée par ce problème. Heureusement, une bonne nouvelle l'en console un peu : Éric Torrès, le réalisateur du *Tutu déchiré*, veut l'engager dans son prochain téléfilm... et en compagnie de Mo ! Ils formeront le jeune couple de *Prince hip-hop*.

Trop génial !

Hélas, le père de Nina lui refuse son autorisation. Pas question qu'elle « fasse l'actrice » – lui dit-il au téléphone. Furieuse, elle lui raccroche au nez. Résultat ? Il exige qu'elle le rejoigne en Égypte.

La tuile !

Nina ignore encore que ce pays mystérieux lui réserve plus d'une surprise...

1
Et c'est reparti !

Une brusque pluie de printemps crépite sur le pare-brise du car d'Air France qui, ce mercredi 12 avril en fin d'après-midi, file en direction de l'aéroport d'Orly. De ma place, j'entends le va-et-vient des essuie-glaces. Ils répètent sans relâche :

PAS ENVIE... PAS ENVIE... PAS ENVIE...

Non ! je n'ai aucune envie de partir en Égypte. Au début, je m'étais (presque) résignée à l'idée, mais soudain, elle m'insupporte. Les yeux écarquillés, je regarde fuir Paris derrière le carreau ruisselant. Ma ville... ! Elle me manque déjà.

Et cet idiot d'Émile qui couine à mes côtés :

— T'as un pot...

Je lui flanque un coup de coude.

— Arrête ! Tu me dis ça dès que je fais un truc !

Mon petit frère me jette un regard de reproche.

— Si j'avais su, j'aurais pas raté le cours à cause de toi.

Afin de me soutenir le moral jusqu'au bout, il a séché Camargo. Pas très professionnel, mais fraternel. Prise de remords, je lui pique un baiser sur la joue.

On va se séparer. Ça me fait drôle. Mais je me sépare aussi de Mo... et, là, ça me chamboule carrément. Dire qu'il n'a pas pu m'accompagner ! Ses essais pour le *Prince hip-hop* ont lieu aujourd'hui...

Génial ! Mais...

J'en ai mal au cœur ! Il ne m'appellera pas, ce soir, il ne me racontera pas, après. Lorsqu'il sortira du studio, je serai à dix mille mètres d'altitude – au moins – dans le ciel noir.

Très loin de lui...

— Dommage que Vic ait pas pu... commence Émile.

Je l'interromps :

— Elle avait cours de caractère[1].

La veinarde... Qu'est-ce que je donnerais pour être à sa place ! Est-ce que je pourrai danser au Caire ? Cette question me vrille le cœur. Il n'existe peut-être pas d'école de danse classique, là-bas ! En plus, ma cheville (j'essaie de l'oublier) me tarabuste toujours...

Assise devant nous, Garance se retourne, l'air anxieux :

— Tu as bien emporté tes radios, j'espère ?

— Oui-oui.

Elle a décidé que je ferai les compléments d'examen avec mon père.

J'appuie mon front à la vitre.

PAS ENVIE... PAS ENVIE... PAS ENVIE...

Pour tout arranger, je dois partir avec une femme que je ne connais pas : Mme Weiss, l'épouse d'un collègue de Papa.

1. Danses de caractère : danses folkloriques adaptées à la scène.

Ma parole ! Il cherche à me dégoûter de ce voyage... ou quoi ? Je peux me déplacer sans chaperon tout de même ! Mon père me prend vraiment pour un bébé, une débile... ou un caniche à tenir en laisse !

En fait...

Je lui en veux. Terriblement. Je ne suis même pas contente de le revoir.

C'est trop triste d'en arriver là.

— La tête ! murmure Émile. On dirait que tu vas en prison...

Je le toise.

— Dans un sens, c'est un peu ça, figure-toi.

— N'exagère pas, Nina, intervient Garance.

Décidément ! Personne ne comprend rien à rien. Et surtout RIEN à moi !

Mais la navette bombe le long de l'autoroute. Les bâtiments d'Orly apparaissent maintenant sur la plaine. Une image que je connais par cœur. Je me suis souvent rendue à cet aéroport, ces derniers temps. J'y ai été malheureuse (Papa s'en allait) ou folle de joie (je partais à Madrid).

Là, je suis mécontente, agacée, et... furieuse.

Ça commence bien !

Je suis superchargée entre mon sac à dos, celui de danse, mon cabas... et mon cartable ! Eh, oui ! Papa va me faire travailler... !

À Orly, j'entasse mes bagages sur un chariot, et nous filons (enfin... moi, je clopine) vers le point rendez-vous. Quelques personnes attendent, la mine inquiète.

Qui est Mme Weiss ?

Cette grosse mémère en pantalon à fleurs, ou cette autre, aussi maigre qu'un curedent ? Elles me regardent approcher, l'œil fixe. Au secours ! Pas celles-là !

— Laquelle tu choisis ? rigole tout bas Émile.

— Arrête, idiot !

— Tu seras bien attrapée si...

À cet instant, une grande perche brune en saharienne se manifeste. Elle brandit un carton où est écrit : NINA FABBRI. Un nez en harpon, des petits yeux de souris, et un air supérieur... voilà Mme Weiss ! Je regrette déjà les deux autres « options ».

Les présentations faites :

— Alors, comme ça, tu es danseuse ? s'informe-t-elle.

Comme si elle ne le savait pas.

Je grommelle un ouais rogue, destiné à la décourager. Aucune envie de répondre à une interview. J'aime parler de la danse, mais pas avec la première venue. Surtout celle-là. Et elle hèle quelqu'un en levant le bras. Sorti du débit de journaux, un dadais boutonneux vient vers nous à grands pas inélégants. Il a les pieds en dedans et le dos rond. Quand je pense à la jolie façon de bouger des danseurs en général... et de Mo, en particulier... ! Pauvre garçon... en plus, il mue.

— Maman... croasse-t-il.

Mme Weiss annonce à la ronde.

— Cédric, mon fils. Il est du voyage.

— Oh ! cool, dis-je.

Je ne resterai pas en tête à tête avec elle. Je préfère. Elle le renseigne :

— Voilà Nina Fabbri.

Fiston me jette un regard traqué, et il pique un fard en bafouillant :

— Salut.

Je lui souris. Il rougit un cran au-dessus. Et je vois sa pomme d'Adam monter et descendre par l'encolure de son polo.

S'adressant à sa mère de sa voix en zigzag :

— ... Je n'ai pas trouvé *Les Mathématiques festives*, s'excuse-t-il.

Mme Weiss paraît contrariée.

— C'est fâcheux... quatre heures de vol... tu aurais eu le temps de travailler !

Elle précise à Garance :

— Cédric a juste quinze ans, et il est déjà en première.

Bonjour le génie ! Avec un an et demi de moins, je suis encore au collège. Mais, moi, je danse. Pour de bon. Tandis que Cédric a dû s'arrêter à la danse des canards, je parie.

À cette idée, j'éclate de rire. Émile aussi, du coup. Et les joues du matheux flambent. Mme Weiss nous regarde, contrariée.

— J'ai dit quelque chose de drôle ?

On proteste en chœur :

— Non-non.

Mais elle est vexée. Pinçant les lèvres, elle active les opérations. Fendant la foule des voyageurs, nous cinglons vers le comptoir d'embarquement Égyptair. Les Weiss marchent en tête avec Garance (qui veut être polie), et je traînasse à l'arrière en poussant le chariot, aidée par mon petit frère.

Je ne me sens pas terrible, soudain. Oh ! si un événement imprévu pouvait empêcher mon départ. Grève des aiguilleurs du ciel, alerte à la bombe, révolution en Égypte...

Le sourire de Mo me manque drôlement. Et sa main sur mon épaule. Je murmure à Émile :

— Tu n'oublieras pas d'arroser mon jasmin ?

— Je te promets.

— Pourvu qu'il soit en fleur à mon retour... !

— Ho ! tu pousses ! proteste-t-il. Pas encore partie, tu penses déjà à revenir ! Au fait, Ninoche, j'ai un truc pour toi...

Il farfouille dans la poche (rebondie) de son blouson, et il en extirpe un sachet plein de bonbons Camargo. Crocodiles, schtroumphs, nounours et cie qui viennent du distributeur de l'école. Ce geste-souvenir me fait fondre.

— Oh ! Mimile, tu es trop !

Et ça y est ! Je pleure. Avec discrétion. Mais je pleure. Émile renifle.

— Tu m'écriras, Nin' ?

— Ouiiii...

J'écrirai à Mo, aussi. Tous les jours-ours-ours...

Pour cacher mes larmes, je me mouche avec un bruit de trompette.

Mo...

Et je croise le regard de Cédric qui s'est retourné de notre côté – l'indiscret ! Émile me souffle :

— Le matheux a flashé sur toi.

— C'est son problème...

On se marre. L'autre devient écarlate. Le nez dans mon kleenex, je lui souris. Sans trop savoir pourquoi.

Le compte à rebours !

3... les bagages sont enregistrés, 2... l'hôtesse me tend ma carte d'embarquement, 1...

— Au revoir, mon chou, tu vas nous manquer, soupire Garance.

— Et vous alors !

Je l'embrasse de toutes mes forces. Mais... 0 !

— Allons-y ! ordonne Mme Weiss.

C'est fini.

On part.

2
La déesse et Pythagore

Dans l'émotion des adieux, j'ai oublié d'acheter un magazine ou un livre. Assise dans l'avion à côté du matheux (plongé dans un bouquin avant même le décollage), je suis seule avec des pensées... pas très rigolotes.

Pour me consoler, je prends un bonbon... puis un autre... et un troisième. J'arriverai au Caire ballonnée, boitillante. HIDEUSE.

Et, tout ça, c'est la faute de mon père.

À vrai dire, j'ai envie de lui faire payer son injustice. En mâchonnant mon quatrième schtroumph, je réfléchis à l'attitude que je dois adopter avec lui.

Glaciale. Je serai glaciale.

Il le mérite.

La voix sirupeuse de l'hôtesse me fait tressaillir. Elle nous lance une phrase en anglais.

— Le départ est imminent, me traduit Mme Weiss, qui trône de l'autre côté de son fils.

Je riposte :

— Oui, merci. J'ai compris.

Si Nez-en-harpon croit m'en remontrer, elle se gourre ! Parce que « je danse », il ne faudrait pas qu'elle m'assimile à une cruche qui n'est jamais sortie de sa rue ! Je précise :

— J'ai déjà pris l'avion, vous savez.

— Ah ouais ? intervient Cédric en abandonnant sa lecture...

Comme quoi... il n'était pas si concentré que ça ! Nos regards se croisent. Il bat des paupières et... hop ! le rouge lui monte aux joues. Quelle infirmité ! Je pense à la réflexion d'Émile... et j'étouffe un gloussement. Mon petit frère a peut-être raison... ! J'ai brisé un cœur (je rigole). Mais quand je raconterai ça à Vic... !

— ... C'était pour a-a-a-ller en Égypte ?

Incroyable ! Le matheux est intimidé à mort. J'ignorais que je pouvais impressionner quelqu'un. Ça me surprend. Ça m'amuse, aussi. Je me vois (presque) en femme fatale... genre Carmen [1] !

Je réponds en lui décochant une œillade de velours.

— Non, en Espagne.

Pivoine, tomate, coquelicot... ou gratte-cul – comme dirait Julie-la-Peste –, il est tout ça à la fois ! Un frémissement de l'appareil le sauve du ridicule. Cédric Weiss s'écrie :

— On décolle !

Et je l'oublie. Mon cœur est serré à double tour. L'avion roule le long de la piste. De plus en plus vite. Puis, dans le fracas des réacteurs, il s'arrache à la terre. Les yeux mi-clos, je m'agrippe aux accoudoirs, malgré moi.

— T'inquiète pas, murmure Cédric.

1. Le personnage de la nouvelle écrite par Prosper Mérimée en 1845 a été très utilisé par la danse. Tant par R. Page et B. Stone (Chicago, 1939) que par Roland Petit (Paris, 1948), Alberto Alonso (Moscou, 1967), John Cranko (Stuttgart, 1971) et Antonio Gadés (Madrid, 1983).

À moi de me sentir idiote ! Je marmonne :

— Oh ! c'est pas ça...

Silence.

L'airbus monte par paliers successifs, le bec pointé vers le ciel mauve. Le soir tombe, mélancolique. Je pense à Mo... à ses essais... au *Prince hip-hop*... Dans ma tête, je commence une lettre. Pour lui. Avec des tas de mots tendres.

Est-ce que j'oserai l'écrire ? Ça m'étonnerait.

D'un geste machinal, je pioche dans les bonbons. Jusqu'à l'instant où je me rends compte que le matheux m'observe. En bafouillant une excuse, je lui tends le sachet. Il se sert... et manque tout renverser. L'émotion d'être assis à côté d'une femme fatale ! (Je rigole, *bis*).

— Un livre sur les dieux égyptiens, ça t'intéresse ? marmonne-t-il.

— Pourquoi pas ?

— Y a de belles illustrations, tu verras.

— Oui. Merci.

En sixième, j'ai étudié l'Égypte ancienne, Ramsès II, Néfertiti, et cie. Mes souvenirs sont un peu endormis, mais à peine ai-je tourné deux ou trois pages qu'ils se réveillent. Transportée à l'époque des pharaons, je reconnais la ribambelle de leurs dieux...

Rê, le soleil, né d'un œuf, Isis, la magicienne aux ailes diaprées, et Osiris, son époux, le maître des enfers ; je retrouve aussi Anubis, le chacal, Horus, le faucon, ou Hathor, la vache sacrée... et tant d'autres !

J'aime bien ces personnages mi-animaux, mi-humains. Ils représentent chacun une qualité, un défaut, ou un don. Par exemple, Thot, l'ibis, est le dieu de la médecine... À propos... (je fronce les sourcils) la déesse de la danse (ou le dieu) dans tout ça ? Je ne les vois nulle part...

Ça alors !

Pourtant, ils dansaient forcément, les Égyptiens. Et la danse qui est la joie, mais aussi l'effort, mérite bien une divinité spéciale... non ?

Je feuillette le recueil. En vain. À mon avis, ce rôle irait comme un gant à Nout, la déesse du ciel. Sur le dessin, elle porte une espèce de collant académique bleu criblé d'étoiles. Super !

Née il y a dix mille ans, on dirait une danseuse d'aujourd'hui. Elle se penche au-dessus de la terre pour offrir les astres aux humains, la tête en avant, le corps arqué, les pieds sur demi-pointes et les mains au sol... J'admire sa position ! Il faut être aussi souple qu'une ballerine pour la supporter. Mais au cas où elle fatiguerait, Shou, le dieu de l'air, la retient, bras levés.

J'adore.

Et ça me donne une idée de ballet ! Son argument[1] : Nout est courbatue (depuis le temps...) et Shou a des crampes à force de l'aider à tenir le coup.

Ils se rebellent.

Musique de percussions : ça tape, ça résonne, ça éclate... ça fait peur. À cause d'eux, la terre est en révolution. La lune dégringole et roule tel un ballon, le soleil s'éteint, les étoiles sont soufflées comme des bougies...

Rien ne va plus !

1. Argument d'un ballet : son sujet ou thème.

Nout et Shou s'en fichent. Sur les ruines du monde, ils dansent un pas de deux magnifique.

Liberté... et amour.

J'imagine...

Mo et moi.

Shou et Nout.

Plus personne ne les empêche de danser.

Qu'ils sont beaux !

Hélas, venu du bout de l'avion, un tintement de couverts les fait fuir.

— Le dîner... annonce Mme Weiss.

— Déjà ?

J'ai l'impression qu'on vient à peine de décoller. Les dieux m'ont bien occupée. Je referme le livre pour le rendre à mon voisin qui bégaie :

— Garde-le autant que... tu... tu veux. Tu me le donneras... un de ces jours... au... au... Caire.

— Je ne sais pas si on se verra, une fois là-bas...

— Euh... euh... je te téléphonerai... on peut aller... visiter les pyramides-e-e.

Il s'étrangle. J'en profite pour placer :

— Si Papa me le permet, oui.

Une bonne excuse ! Je fais ce que je veux, mais au cas où ça m'embêterait de sortir... ! Par-dessus son fils, Mme Weiss me jette un regard en biais :

— Ton père ne te refuse pas grand-chose, j'ai l'impression. Te laisser seule à Paris en est la preuve...

Sa voix est lourde de sous-entendus. Quel toupet ! Je réplique :

— C'était le seul moyen pour que je danse...

— Précisément. Décider de se lancer dans cet art si jeune, est-ce bien raisonnable ?

Non mais ! De quoi elle se mêle ? Mme Weiss ne connaît rien à la danse (ça se sent) et elle veut avoir raison ! Je ne supporte pas les grandes personnes qui croient tout savoir juste parce qu'elles sont vieilles.

— Se séparer de son enfant, insiste-t-elle avec un trémolo, moi, je n'aurais pas pu !

Je riposte d'un ton sec :

— Ça tombe bien, votre fils ne danse pas.

Je me fiche d'être mal élevée, insolente, ou autre. Je déteste qu'on attaque la danse, ou mon projet de danse. Parce que c'est à

NOUS – Maman et moi. C'est notre rêve. Impossible à partager avec les esprits étriqués.

Et j'effleure le médaillon d'or, sous mon pull...

— Maman, la vie de Nina ne nous regarde pas, bredouille Cédric.

Pythagore prend ma défense. Je n'en reviens pas, sa mère non plus. La tête ! Là-dessus, l'hôtesse nous distribue les plateaux-repas.

— *Shokrane*, minaude Nez-en-harpon en attrapant le sien.

Elle ajoute pour moi :

— Ça veut dire merci en arabe. Un mot à enregistrer.

— OK. *Shokrane-Shokrane-shokrane.*

Et Cédric éclate de rire. Ma parole ! Il est vraiment de mon côté. Je lui souris. Et, vu qu'il s'empourpre « sous l'impact de mon regard revolver » (comme je l'écrirai à Vic), je contemple mon dîner pour faire semblant de ne pas avoir remarqué son trouble.

Very appétissant !

À côté d'une pâlichonne tranche de veau,

il y a une espèce de purée grisâtre dans une coupelle. Je chuchote à Cédric :

— Comment on dit : ça a l'air infect ?

Il s'esclaffe. Y a pas à dire : j'ai trouvé un public ! Mme Weiss se penche de mon côté :

— La *tahina* est de la crème de sésame. Une spécialité du pays.

Bien. À la guerre comme à la guerre – dirait Mme Suzette. J'en prends une cuillerée. Aïe-aïe-aïe... ! Après ma surdose de bonbons, ce truc n'est pas très indiqué. Je bois un grand verre d'eau pour le faire passer. Et je me dépêche de grignoter le dessert : un petit gâteau feuilleté aux amandes.

— Un *baklava*, me précise Cédric.

Je l'écoute à peine.

Tout à coup, j'ai compris. Ces mots bizarres, ces goûts inconnus, et ce ciel fourmillant d'étoiles où notre avion trace sa route... je suis déjà en Égypte !

Et j'ai le trac.

3
Al Qahira [1]

Dans un grésillement de micro, l'hôtesse nous a avertis en anglais et en arabe : on va atterrir !

Je me tords le cou pour essayer d'apercevoir quelque chose par le hublot... et je réprime un petit cri. On dirait que le ciel s'est renversé sur la terre, répandant partout son chargement de clous étincelants...

Ils brillent, clignotent, scintillent...

Ils dessinent, tout en bas, un tapis rutilant.

1. Al Qahira ou El qahira : Le Caire.

— Les lumières du Caire, dit Mme Weiss.

J'ajoute à mi-voix :

— C'est trop beau...

Puis je pense à Papa – petit point noir perdu dans cette clarté. Il m'attend. Et je n'ai plus tellement envie d'admirer le paysage.

Nina...

On passe aux choses sérieuses !

Mon père a joué (bêtement) de son autorité. Par sa faute, je ne tournerai pas dans *Prince hip-hop*. Il m'a obligée à venir en Égypte. Il va le regretter.

Et je me durcis, intérieurement.

Je deviens glaçon.

À nous deux, Papa.

On passe la douane.

Quel vacarme, à l'aéroport du Caire ! Il est rempli d'une foule bruyante. Ça sent la chaleur, la transpiration. On se croirait en été. Les néons qui palpitent m'étourdissent. Mais... la chance... je ne boitille plus ! D'ici que ces quatre heures de repos m'aient guérie... !

Et, derrière les portes vitrées où s'agglutinent les familiers des voyageurs, j'aperçois...

— Papa !

Je me mords les lèvres.

Domine-toi, Nina. Pas de manifestation d'affection. Souviens-toi : tu es un glaçon. Autrement dit quelque chose de très froid... qui brûle à l'occasion. Désagréable, quoi !

Mon visage se ferme. Je prends un air hautain.

Mon père me fait de grands gestes et, à ses côtés, Odile sourit. Elle a bonne mine, les cheveux blondis, et les joues plus rondes. L'Égypte lui réussit.

— Tes parents ? me demande Cédric.

Je réponds :

— Presque.

Et, sûr d'avoir gaffé, il... rougit ! Ça devient monotone. Mais je n'ai pas envie de lui raconter ma vie que, de toute façon, il connaîtra tôt ou tard grâce à sa mère.

— Bichette ! appelle Papa.

En plus, il divulgue mon surnom aux quatre vents ! Il ne manquait plus que ça.

Je franchis la porte vitrée d'un pas olympien. Une princesse en exil...

Mon père et Odile se précipitent vers moi. Poupée raide et froide, je passe des bras de l'un à ceux de l'autre dans une rafale d'exclamations, d'interjections, de questions ! J'y réponds du bout des lèvres, jusqu'à ce que Nez-en-harpon se manifeste.

— Eh bien, nos routes se séparent, dit-elle.

Et Papa s'empresse de la remercier. M'avoir accompagnée, c'est ceci, c'est cela... c'est trop ! Vous êtes vraiment... réellement... définitivement...

Il s'emberlificote dans ses salamalecs. Le pauvre ! Il n'est pas doué pour les mondanités. Je laisse échapper un petit rire, que je rattrape *in extremis*.

Ne t'attendris pas, Nina.

Ton père est un tyran.

— A-lors... bégaie Cédric... Je... te... te... téléphonerai, Nina...

— Oui-oui, et je te rendrai ton livre.

Soudain, il brille de tous ses feux.

— Mais non ! C'est pas pour... pour... pour ça...

À cet instant, sa mère s'exclame :

— Voilà mon mari !

Et notre dialogue s'arrête là. M. Weiss (un grand type poivre et sel, très bien habillé, très décontracté) embrasse fils et femme, puis salue Papa qui me présente à lui.

— Ainsi, tu es ballerine ? s'écrie-t-il.

Décidément ! Pourquoi cet aspect de ma vie étonne-t-il autant les gens ? Danseuse est un métier comme un autre. Enfin... presque. Ce doit être ce « presque » qui fait la différence...

Mon père riposte :

— Oh ! Nina ne l'est pas encore...

Merci. Très encourageant.

— En tout cas, reprend l'autre, j'espère t'applaudir un jour.

Je préfère entendre ça ! Et je souris à cet homme de goût. Là-dessus, après quelques formules polies, les Weiss partent de leur côté (une voiture avec chauffeur les attend) et nous, du nôtre, vers le parking.

— Il faudra les inviter à dîner, remarque Odile.

— Tu as raison, chérie. Je vais aussi

envoyer des fleurs. Elle a été très gentille de convoyer Nina.

Je proteste :

— Oh ! j'aurais pu venir seule.

— Tu te crois toujours capable de tout, ironise mon père.

— De tout, non. Mais de ça, oui.

Silence. On monte en voiture. Une nouveauté ! À Paris, mon père n'en avait pas. Je demande :

— Elle est à toi ?

— Non. À la boîte.

— C'est ce qu'on appelle une voiture de fonction, précise Odile. Comme pour les Weiss.

Je remarque :

— Mais ils ont un chauffeur en prime... eux.

Une petite vacherie destinée à Papa ! Ça lui apprendra à me dénigrer en public.

— Figure-toi que ne suis pas au niveau de Christian Weiss, dit-il d'un ton agacé.

Il démarre, déçu par nos retrouvailles. Bien fait. Odile m'excuse à mi-voix :

— Elle est très fatiguée par le voyage...

Il me lance un coup d'œil dans le rétroviseur.

— Garance m'a faxé que tu avais besoin d'examens médicaux pour un problème de cheville. De quoi s'agit-il ?

— De rien. C'est passé. J'ai eu mal... et voilà !

— Tout de même, intervient Odile, il faudra consulter pour plus de sécurité !

— Je-vous-dis-que-c'est-rien !

Mon père clôt le débat d'un sec :

— On en reparlera demain.

Il accélère, et je regarde le paysage. Il est près de minuit, mais l'avenue de l'aéroport est aussi encombrée qu'à midi. Et quel tintamarre ! Par la vitre entrouverte entre un parfum de bois brûlé, d'essence et d'épices.

L'odeur de l'Égypte.

Elle me plaît.

Papa ralentit quand on entre dans Le Caire. Sa traversée s'effectue au pas. Les rues me paraissent très longues. Bordées de hauts immeubles, elles s'évasent en larges places. La circulation est inextricable. Dans l'entrelacs des voitures se glissent des charrettes tirées par des ânes fourbus, et il y a même... mais oui ! un dromadaire. La lippe méprisante, il domine la mêlée, l'air d'en savoir long. Son maître le dirige à petits coups de baguette.

Soudain, j'ai l'impression de rêver.

Cet animal échappé d'un conte arabe parmi les camions... ça fait drôle !

Je demande :

— Pourquoi tous ces gens sont-ils dehors ?

— Cette ville ne dort jamais, m'explique Papa. Elle est insomniaque et en perpétuelle ébullition.

Odile rigole :

— Il faut s'y faire !

Je ne réponds pas. Mes paupières papillotent. Je commence à m'endormir. Un concert de klaxons me réveille en sursaut.

Tiens ! Je ne vois plus le dromadaire...

Peut-être qu'il n'a jamais existé ?

Et je referme les yeux.

4
Un glaçon

Réveillée par Papa, je suis sortie de la voiture comme une somnambule. Dans ma tête, il y a un drôle de mélange : Paris et Le Caire se télescopent. Odile me prend par les épaules.

— Viens vite te coucher...

Elle m'entraîne à l'intérieur d'un immeuble blanc. En frissonnant, je reprends contact avec la réalité. À droite, dans le hall, une porte vitrée – à demi aveuglée par un rideau rouge – laisse passer la lumière jaune d'une lampe et l'écho d'un téléviseur.

— La loge du *bawab*... me renseigne Odile.

Les concierges sont les mêmes partout : au bruit de nos pas, un pan du tissu se retrousse sur un œil curieux. Et on entre dans l'ascenseur, un ancien modèle à la grille de fer qui se replie. À travers ses croisillons, je regarde s'éloigner le vestibule où mon père apparaît, chargé de mes bagages.

Odile chuchote :

— Il est drôlement content que tu sois là.

Pas de réponse. Je n'ai rien de gentil à dire. Je m'informe simplement :

— On habite à quel étage ?

— Au huitième. Le dernier. Tu verras, l'appartement est très agréable...

— Vous êtes contente ici, alors ?

Odile a un sourire bizarre. Mystérieux, je dirais.

— Plus que ça. Je suis heureuse.

Je détourne les yeux. Quand elle parle de son bonheur, moi, je pense à Maman... Oh ! je n'en veux pas à Odile. Elle ne l'a jamais connue. N'empêche... ça me chiffonne. Je trouve la vie injuste, ou plutôt, la mort...

Est-ce qu'elle devine ? Elle me tapote la joue :

— Tu va faire un gros dodo, ma petite Nina, et demain... tu verras, ça ira mieux.

Ouais. Quoique...

Je ne suis pas sûre d'avoir envie que ça aille mieux.

L'ascenseur s'arrête, ses grilles claquent. Devant nous, un grand palier vide, des murs blancs et une porte bien astiquée. Odile l'ouvre d'un tour de clef.

— Bienvenue à la maison, Nina ! s'écrie-t-elle.

Et j'entre « chez nous ».

Un long couloir à demi éclairé conduit au salon, plongé dans l'obscurité. Pas de rideaux aux fenêtres. Dans leurs cadres, la nuit du Caire forme une espèce de tableau, où brille un croissant vert, très loin, au sommet d'une drôle de tour.

— Marrant, ce truc-là...

— Un minaret [1], m'explique Odile.

À cet instant, toujours encombré par mon sac à dos, mon fourre-tout de danse, mon

1. Tour d'une mosquée d'où le muezzin (fonctionnaire religieux) appelle à la prière cinq fois par jour les pratiquants de l'islam.

petit cabas et mon cartable, mon père nous rejoint. Odile allume les lampes. Et le paysage disparaît.

Papa me sourit.

— Viens voir ta chambre... Bichette.

Je lui lance un regard noir.

— S'il te plaît, ne m'appelle plus comme ça.

Ma phrase le frappe comme un caillou, il sursaute :

— Pourquoi ?

Là, je me dégonfle. Je n'ai pas le courage de lui répondre : « Parce que je ne t'aime plus. » Je marmonne :

— J'ai passé l'âge.

— Comme tu voudras.

Je lui ai fait de la peine – je crois. Très bien.

Un glaçon. Je suis un glaçon. Voilà.

— Allons t'installer, Nina, murmure Odile.

Elle aussi paraît affectée. Elle prend vraiment à cœur les émotions de son chéri...

Ça doit être l'amour !

Je me moque, mais... brusquement, je pense à Mo. Il me manque. Si fort que je vais pleurer. Mes yeux se brouillent. Je ne vois rien de ma chambre, à part qu'elle est très vaste. Un climatiseur y ronronne.

Avec fracas, Papa dépose mes bagages par terre. Je m'assois au bord du lit, tête basse. Je me mords l'intérieur des joues pour retenir mes larmes.

Qu'ils sortent de la pièce, tous les deux, vite... !

— Veux-tu une infusion, ou une boisson fraîche, Nina ? s'informe Odile.

Je réussis à articuler :

— Non merci.

— Bien. On te laisse, alors ? dit Papa.

— Oui merci.

Il ne vient même pas m'embrasser. La porte se referme. Et je m'effondre en sanglotant, la figure dans l'oreiller.

Mo...

Mais... est-ce pour lui que je pleure... vraiment ?

5
Ça ne s'arrange pas

La leçon...

Je vais la louper, je le sens. Il est très tard : volute bruyante, la rumeur de la ville monte déjà jusqu'à ma chambre.

Debout, Nina !

Mais... qu'est-ce que j'ai ? Impossible ! Je n'arrive pas à bouger. On m'a ligoté les jambes. On veut m'empêcher de danser. Ça ne servira à rien ! Je danserai...

QUAND MÊME !

Je me débats si fort que je me réveille. Entortillés autour de mes membres, les draps m'entravent, m'immobilisent...

Une vraie momie.

Et je pousse un petit cri. En Égypte... je suis en Égypte ! J'avais oublié. Dans le sommeil, j'étais repartie à Paris... vers ma vie... ma vie à moi.

C'est trop triste qu'on m'en ait arrachée. Triste ? Non.

Rageant.

Je regarde avec hostilité l'immense pièce au sol carrelé où mon lit a l'air d'un bateau perdu. Et le cafard me saute dessus. Je suis à des milliers de kilomètres de mon école de danse... et de Mo.

Affreux.

Tout en me dégageant des draps-bandelettes, je ressasse : j'aurais dû, j'aurais pu, si j'avais...

Trop tard !

Je suis là – et bien là. Nasser Road, 12. Au Caire. Quelle punition ! À cet instant, un écho de talons résonne dans le corridor. On frappe à ma porte.

— Nina ? appelle à mi-voix Odile.

— Ouais.

Ma belle-mère entre. Vêtue d'un pantalon blanc et d'un ample tee-shirt framboise, elle a l'air en pleine forme. Ça m'énerve – je ne sais pas pourquoi. Elle me sourit.

— Bien dormi, ma jolie ?

— Non. J'ai gelé toute la nuit.

— La climatisation, ou la fatigue du voyage...

Je riposte entre mes dents :

— Pire que ça.

Je suis (horriblement) malheureuse. Voilà. Quelquefois, ça donne froid. Elle remonte la persienne à grands tours de manivelle. Une clarté blonde inonde ma chambre – qui donne sur un grand balcon à la rambarde de béton.

— Tu as vue sur les pyramides, m'annonce Odile. Viens jeter un coup d'œil, c'est tellement beau !

O. K. Maintenant que je suis là ! Je fais l'effort de me lever... et je trébuche.

Ma cheville...

Je croyais m'en être tirée. Et ça recommence. Le souffle coupé, je m'agrippe au bois du lit. De dos, Odile ne s'est rendu compte de rien. Je préfère ! Après tout, c'est peut-être juste un pinçon fugitif parce que mes muscles ne sont pas chauds.

Ça va passer.

Mais je marche avec précaution vers la fenêtre, en osant à peine appuyer le pied par terre.

Odile se retourne :

— Qu'est-ce que tu as ?

— Ces carreaux sont glacés...

Elle sourit :

— Décidément, pour toi, rien ne va, ici !

Un peu gênée, je ne réponds pas. Je jette un coup d'œil au-dehors.

— Ce sont... les pyramides, là-bas ?

Au-delà des immeubles, leurs trois cônes sont plantés dans le sable par ordre de taille. La brume de chaleur les fait trembloter. Drôle d'image ! On la connaît, mais quand on la voit en vrai...

Ça fait quelque chose !

Odile me met la main sur l'épaule :

— Alors... ? Qu'en penses-tu... finalement ?

— Super, mais ce n'est pas la question...

Elle soupire.

— Viens déjeuner. Le thé est en train de refroidir.

Elle me précède dans le couloir. Je tire

mon tee-shirt sur mes jambes nues. Cette nuit, j'ai trop pleuré pour avoir le courage d'ouvrir mon sac à dos. J'ai dormi en linge de corps, comme dit Mme Suzette. Mais Odile n'a pas l'air de le remarquer.

Je clopine à sa suite. Je ne vais pas couper à la visite médicale – je vois ça gros comme une maison !

L'angoisse...

D'une voix éteinte, je demande à Odile où est la salle de bains. Je claque la porte. Vite ! un peu d'eau chaude sur ma cheville. Ça la réveillera. La jambe sous le robinet de la baignoire, j'inspecte la pièce du regard. Elle me paraît aussi grande que notre salon de Paris – quand on habitait près du métro aérien, Papa et moi[1]...

Que cette époque me paraît loin... et belle !

Soudain, j'ai dans la bouche le goût de larmes du souvenir, ou du passé enfui. On était si bien, tous les deux ! Enfin... autant qu'on pouvait l'être, privés de Maman. Mais

1. Voir *Nina, graine d'Étoile*, n° 1.

il a fallu que mon père retombe amoureux... et parte travailler en Égypte !

On s'est séparés. Tout a changé.

C'est la vie, il paraît, le changement...

Pourtant, lorsqu'elle nous plaît, la vie pourrait rester la même... longtemps, je trouve. Mais non ! Filant comme du sable entre les doigts, elle s'échappe, elle se transforme, ou se déforme. Elle devient autre, quoi ! Et, tant bien que mal, il faut s'adapter à ses nouveautés.

Quelquefois, c'est amusant, mais pas toujours !

Heureusement...

Il y a une chose qui ne changera jamais, dans la mienne. Je le sais, je le sens... et je le jure :

La danse.

Attrapant une serviette pliée sur une étagère, je frotte ma cheville avec énergie.

QUAND MÊME !

Ça va ! J'arrive à déambuler à peu près normalement.

J'entre dans le salon. Une bibliothèque, deux canapés blancs qui se font face, séparés par un plateau de cuivre posé sur des pieds en bois, et un tapis rouge jeté sur le carrelage... je trouve l'ensemble plutôt joli, à la lumière du jour.

— Par ici, Nina.

Odile est déjà à table, dans le coin salle à manger. Je m'assois en face d'elle. Entre nous, posé sur des sets multicolores, le désordre d'un petit déjeuner appétissant : fruits, pots de confiture, pichet de jus d'orange, théière, et dans une corbeille, des espèces de grosses crêpes un peu gondolées.

— Du pain arabe, m'informe Odile. Zakiya nous l'apporte tous les matins.

J'ouvre des yeux ronds.

— Za-ki-ya... ?

— La femme de ménage.

Ma parole... une voiture de fonction, un grand appartement, une employée de maison... c'est la classe ! Voilà pourquoi Odile est aussi contente, pardon, heu-reuse.

Pendant qu'elle remplit ma tasse, je murmure :

— Papa n'est pas là ?

— Non. Il est parti travailler...

Sympa. Il aurait pu m'embrasser avant... non ?

Bon. D'accord. Je n'ai pas été hyper-aimable.

N'empêche ! Qu'est-ce qu'il me déçoit...

— On se lève très tôt ici, poursuit-elle, à cause de la chaleur.

Je grommelle :

— Il ne fait pas si chaud que ça.

— En avril, pas encore... Mais dès le mois de mai, ça cuit, m'a-t-on dit. Tu verras.

Je verrai... ? N'importe quoi ! Je riposte :

— Au mois de mai, je serai rentrée à Paris.

— Écoute...

Odile a l'air très embêtée.

— ... Je ne veux pas m'immiscer dans vos relations, et tu en parleras directement avec ton père, mais...

QUOI ?

Elle se racle la gorge, et achève d'un ton incertain.

— ... il aimerait que tu restes ici, avec nous.

La claque ! Une seconde, j'en reste étourdie. Il aimerait... ici... avec nous. Première nouvelle ! Qu'est-ce que c'est que ce sale coup, cette entourloupette... cette trahison ?

Je cauchemarde... ou il est devenu fou !

Et j'aboie :

— Désolée ! je dois être à Paris le 25 avril pour la rentrée Camargo.

— Voyons, mon chou, ne t'énerve pas.

Elle tend vers moi une main apaisante :

— Vous en discuterez tous les deux, ce sera le mieux.

— Discuter... avec Papa ?

Ma voix déraille, aiguë.

— Impossible ! Vous avez bien vu... ce qui s'est passé pour le téléfilm... Il ne comprend rien à rien... Il est buté, borné...

Odile m'interrompt, pète-sec.

— Ne critique pas Olivier devant moi, s'il te plaît.

En plus, ON m'empêche de m'exprimer. Il ne manquait plus que ça ! Soudain, la colère me brûle les joues.

— J'en ai marre !

— Voyons, Nina, tu...

— Fichez-moi la paix !

La suite est un film en accéléré. En trois secondes top chrono, je bondis sur mes pieds, cours dans ma chambre, m'y enferme...

Je m'abats sur le lit. Je ne me lèverai plus – oui, c'est ça – je ferai du « sitting[1] », comme les grévistes vus à la télé...

Et je verse deux ou trois larmes. De rage.

Idiote.

Tu t'es mise dans ton tort. Les crises de nerfs ne mènent à rien. Bats-toi avec intelligence. Domine-toi. Pour le moment, les adultes sont les plus forts...

Mais...

Ça peut changer !

Vite ! un petit baiser au médaillon d'or...

Et ça changera. Comment ? Aucune importance. Je finirai bien par trouver... l'idée ! En attendant, profil bas, Nina !

Je me relève. Oh ! la vache ! Ma cheville... ! Ce sprint l'a réveillée. Je ressors de la pièce en claudiquant – et le moral à zéro.

Au salon, Odile n'a pas bougé. Les yeux fixés sur le paysage, elle mange une énorme tartine. Notre affrontement ne lui a pas

1. Geste de protestation consistant à s'asseoir ou s'allonger par terre et à refuser de bouger.

coupé l'appétit, apparemment. Tant mieux. Une fois rassise à ma place, je murmure :

— Excusez-moi.

— Je t'excuse.

Ses yeux bleus sont froids comme des pierres.

— Cela dit, Nina, j'aimerais que ce genre de scène ne se reproduise plus, ou je serais obligée d'en parler à ton père...

De cafter, autrement dit. Très joli. Bravo, Odile !

Mais à faux jeton, faux jeton et demi... Je murmure :

— O. K. J'ai compris.

Après, très polie, trop pour être honnête, je lui demande :

— S'il vous plaît, puis-je goûter le pain arabe ?

Il en faut peu, à une grande personne, pour être sûre d'avoir gagné ! À me voir m'écraser comme un paillasson, Odile retrouve le sourire.

— Bien sûr. Tiens...

Elle rompt l'espèce de crêpe et me tend un morceau. En signe de paix ?

Si elle savait ce que je pense...

6
Zakiya

Cette matinée mal enclenchée continue cahin-caha. À la demande d'Odile (Si tu défaisais tes bagages ?), je m'installe, enfermée dans ma chambre. À part le lit, elle est meublée d'une chaise cannée, d'une grande table et d'un placard aux battants en imitation moucharabieh [1] : j'y range mes affaires.

Celles de danse ont la priorité.

Sur une étagère, bien en ordre, je dispose mes chaussons. Je les ai apportés. Tous. Bien sûr. Nina Fabbri sans chaussons ?

1. Grillage en bois, typique des fenêtres des pays arabes.

Inimaginable ! Autant dire un oiseau sans ailes ! Les voir là – côte à côte – me console un peu.

Les demi-pointes de cuir rose ou blanc, les pointes en satin rouge, noir, ou dragée ressemblent à une petite bande d'animaux familiers, à l'odeur si particulière. Ils veillent, mes chaussons, ils m'attendent, l'envie de danser cachée dans leurs rubans de soie, leurs bouts usés ou leurs élastiques fatigués...

Ils représentent tant d'efforts, de trac, de bonheur... Impossible de m'en séparer !

Parmi eux, trônent les « vieilles savates » d'Éva Miller[1]. Un cadeau précieux. Un porte-bonheur. Qu'est-ce que je suis contente de les avoir avec moi ! Ils me donneront du courage.

Ils m'en donnent déjà.

Et je vais en avoir besoin. Je le sens.

À cet instant, on tape à ma porte – tout doucement. Je vais ouvrir. Et je tombe nez à nez avec une femme d'une trentaine d'années, plutôt grande, aux yeux fardés de

1. Voir *Pleins feux sur Nina*, n° 6.

khôl ; les cheveux tirés en une seule tresse noire, des pendeloques d'argent tintinnabulant aux oreilles, elle est habillée d'une longue blouse bleu ciel. Sur un petit plateau, elle porte un verre rempli d'un liquide rose foncé... qu'elle me présente.

— *For you... Helou*, bon.

L'employée de maison ! C'est marrant de l'entendre parler anglo-arabo-français. Je n'ai pas soif, mais qu'elle est sympa de m'apporter à boire ! Je lui souris – j'ai presque envie de l'embrasser. Enfin quelqu'un d'agréable dans cette maison !

Et je bredouille :

— *You are*... Za... euh... Zi... Zaka... ?

Elle éclate de rire :

— Zakiya.

Elle a de belles dents. On dirait de grosses amandes très blanches. Et je m'autodésigne, l'index vers la poitrine, comme dans les ballets romantiques.

— *I am*... Nina.

Elle rit de plus belle.

— *Very nice girl*, Nina.

— *Thank you*.

Je prends le verre.

— *Helou*, m'explique Zakiya. *It's karkadé.*

Kar... quoi ? La couleur est jolie, mais... qu'est-ce que ça peut être ? Je bois une gorgée. Pas mauvais. Assez sucré. Je m'écrie avec un enthousiasme exagéré :

— *Delicious e!*

Pour plaire à Zakiya, je suis obligée de le vider jusqu'à la dernière goutte. 1... 2... 3... Exécution ! Après tout... on s'y fait, à ce truc-là. La femme de ménage me regarde boire avec gentillesse.

— *Don't cry no more* [1], me chuchote-t-elle lorsque je lui rends le verre.

Je reste saisie. Même pas très fortiche en anglais, j'ai compris. Et elle s'éclipse sans bruit. Elle est pieds nus. Après avoir refermé ma porte avec précaution, je me remets à mes rangements, rêveuse.

J'ai une alliée. On dirait.

Génial...

Mais...

« *Alla-a-a-ah...* »

Venue du dehors, une voix gutturale stoppe net mes réflexions. J'écoute. Lanci-

1. Ne pleure plus.

nante, monotone, son incantation vrille le sourd tohu-bohu de la ville. Je clopine à la fenêtre quand, sur un toc-toc sonore, Odile entre chez moi.

— Ne t'étonne pas ! C'est le chant du muezzin, le *azân*.

— Ça signifie... quoi ?

— Allah est grand... Enfin, en gros ! Une façon d'appeler les fidèles à la prière. Tu l'entendras cinq fois par jour. Au lever du soleil, à midi, à 16 heures, au crépuscule, et deux heures après.

Elle me sourit :

— Je trouve cela joli, rassurant, même. Un peu comme les cloches chez nous.

— En tout cas, il crie drôlement fort !

— Sa voix est amplifiée par les haut-parleurs. Autrefois, cet homme tournait autour de la galerie du minaret en lançant le *azân*. Les choses se sont modernisées, tu vois.

Elle en sait, des choses, Odile ! L'Égypte lui plaît – je me dis. La tête tournée en direction du muezzin, elle ajoute :

— Où qu'ils se trouvent, les pratiquants doivent se déchausser, s'agenouiller, et, tournés vers La Mecque[1], réciter la *salât*, la prière, en frappant le sol du front.

Le téléphone qui sonne, strident, interrompt ce cours de civilisation. Odile décampe.

— J'y vais, chuchote-t-elle. Zakiya est en train de prier, précisément...

La bonne excuse !

Ma belle-mère crève surtout d'envie de parler à son chéri. C'est Papa qui appelle. Je le devine. Il oublie de m'embrasser avant de partir, mais il pense à sa bien-aimée...

Ce qu'ils m'énervent, tous les deux !

— Ninaaa !

Oh ! zut ! Il demande à me parler ! Qu'a-t-il mijoté, encore ? Les sourcils froncés, je sors de ma chambre, et je bute sur Odile, un sans-fil à la main.

— Pour toi. Un garçon.

Et je reste tétanisée. Si c'était... Mo ?

Oh ! Il faut que ce soit lui !

1. Ville sainte des musulmans, située en Arabie saoudite.

7
Prisonnière !

Je m'empare de l'appareil. Mon cœur bat dans tous les sens. Mo... Mo... Mo... Comme une ancre, son prénom me raccroche à MA vie. En disant « Allô ? » j'ai l'impression d'être déjà rentrée chez moi.

Et j'entends une voix... oh !... une voix... Pas la bonne !

— Salut, Nina, c'est Cédric.

Je réponds d'un ton funèbre :

— Oui, salut.

En fait, j'avais oublié son existence. Effacé d'un coup de gomme, le Pythagore acnéique ! En l'entendant, j'ai même l'impression de l'avoir rencontré il y a mille ans.

Et entre nous deux tombe un silence aussi long que ça...

Cédric finit par hululer :

— Allô ? Allô ?

— Je suis là.

Soudain, j'ai envie de rigoler. Je l'imagine rouge et transpirant, agrippé à son téléphone. Dans un sens, c'est flatteur : je l'intimide à mort ! Du coup, il me fait presque pitié.

Je m'informe poliment :

— Ça va depuis hier ?

— Ouais. Très bien.

Et il me sort d'une traite :

— Justement-demain-je-vais-me-balader-aux pyramides-si-tu-veux-venir...

Je pousse ce cri inattendu pour lui (et pour moi) :

— SUPER !

D'accord, Cédric Weiss ne m'emballe pas, mais il me donne l'occasion de m'échapper d'ici, de larguer O. et O. Et puis, les pyramides, ça me dit drôlement...

— Il paraît qu'on peut s'y balader en dromadaire ?

— À cheval aussi, me répond-il.

L'équitation me branche moins. Je m'explique :

— Quand on danse, on doit éviter ce sport.

— À cause des chutes ?

— Oui. Et aussi de la position, vu qu'à califourchon on a les jambes en dedans, à ce qu'on m'a raconté.

— Et c'est embêtant ?

— Bien sûr ! Être en dehors est primordial dans le classique.

Il m'écoute religieusement. À mon avis, je lui en flanque plein la vue. Discuter avec une artiste, ça le change des équations ou théorèmes ! Je parie qu'il a un sourire béat. Et il paraît plus à l'aise.

— Alors, je viens te chercher après la sieste, conclut-il. Vers 17 heures. O.K. ?

— O.K.

Je coupe. Si je ne craignais pas pour ma cheville, j'esquisserais des pas de danse ! Je rapporte l'appareil à Odile. Allongée sur un divan du salon, elle feuillette un catalogue de vente par correspondance. Mazette ! (EDMS[1]) Elle se la coule douce, on dirait...

Je lui annonce :

— Cédric Weiss m'a invitée à aller aux pyramides.

— Très bien.

Et elle ajoute cette phrase incroyable :

— Mais tu demanderas la permission à ton père.

COMMENT ? Je riposte :

— J'ai déjà accepté, figurez-vous.

— Un peu vite, mon chou, soupire-t-elle.

Ça la regarde ? Depuis que je vis (presque) seule, je prends mes décisions moi-même. Odile l'a oublié. Je lui renvoie la balle avec désinvolture.

— De toute façon, Cédric passe me prendre après la sieste...

Et on verra... ce qu'on verra ! Si les deux O croient me claquemurer comme un ours en cage... !

Je ris (plutôt forcé) :

— Dire qu'on la fait, ici, la sieste ! Mar-

1. EDMS : Expression De Mme Suzette.

rant ! Ça ne m'est plus arrivé depuis la maternelle...

Ce genre de petit détail suffit à se sentir ailleurs. Très loin. En Afrique. J'en aurai des choses à raconter, à mon retour, me dis-je, tandis que Zakiya passe, les bras chargés d'assiettes et de couverts. Elle va dresser la table.

Je chuchote à Odile :

— Tout à l'heure, elle m'a apporté une boisson rose... délicieuse !

— Du karkadé, sûrement. Il s'agit d'une infusion de fleurs d'hibiscus.

Des fleurs... d'hibiscus ? Bizarre-bizarre... ! Quoique... si on réfléchit, ça ne l'est pas plus qu'une tisane de camomille. Là-dessus, Zakiya laisse tomber un couteau qui tinte sur le carrelage. Je me précipite... aïe... pour le ramasser.

— On dirait que ta cheville te gêne, remarque Odile.

— Non-non...

Lorsque je lui tends l'objet, Zakiya m'adresse un sourire radieux.

— *Shokrane*, Nina.

Et je l'aide à disposer les assiettes. Du doigt, elle m'en montre une :

— *Taba.*

— Ça veut dire assiette ?

Elle incline la tête :

— *Aywa.*

De son divan, Odile me traduit :

— *Aywa*, c'est oui.

— Merci, j'avais compris.

Et je répète (un vrai perroquet).

— *Taba*, *aywa*, *aywa*, *taba*.

On dirait une musique !

Zakiya en rit aux éclats, et m'apprend successivement : (*koubeyya*) verre (*shoka*), fourchette et (*sekina*) couteau. J'enregistre ces mots en deux secondes : ils sont tellement jolis ! On dirait qu'ils dansent. Autre chose que ce maudit vocabulaire anglais, impossible à mémoriser, je trouve ! Et je les chantonne en virevoltant autour de la table...

Jusqu'à ce que...

La porte d'entrée claque. Zakiya déguerpit en direction de la cuisine. La voix de mon père retentit :

— Odile ?

Et, brusquement, je me retrouve il y a très longtemps, quand mon nez arrivait à peine au bord de la table. En rentrant à la maison, Papa appelait aussitôt : « Aurore ? » Maman répondait d'un ton joyeux...

— Je suis là...

Maintenant, c'est Odile qui répond. Elle tend les bras vers lui dès qu'il pénètre dans le salon. Et ma gaieté tourne en rancœur.

— Pas trop fatiguée, ma chérie ? chuchote-t-il en l'embrassant.

Rester avachie sur un canapé est un sport de haut niveau, sans doute ! Elle minaude :

— Non, tout va bien.

Je leur jette un regard ironique – intercepté par mon père. Il me lance :

— Et toi, ça va ?

— Très-bien-merci.

— Nina s'adapte vite, intervient Odile. Elle a mis le couvert avec Zakiya.

— Parfait.

Il m'adresse un sourire indécis. Il ne sait pas comment s'y prendre avec moi... Profitons-en ! J'attaque.

— C'est vrai, je m'adapte super ! Même que, demain, je vais aux pyramides avec le fils Weiss !

Son sourire se fige.

— Pas question.

— Enfin ! J'ai déjà dit oui !

— Tant pis ! On annulera. J'appellerai sa mère.

Odile réussit à placer :

— Puisque Nina a accepté, tu pourrais...

— NON.

Les yeux de Papa flambent.

— J'en ai assez qu'elle décide de tout.

Il se tourne vers moi :

— Tu vas redevenir une fille de ton âge et obéir à ton père.

C'est une manie ! Il se croit encore au XIXe siècle, ma parole ! Je lui lance un regard torve.

— Je sais : tu me l'as écrit. Tu radotes... ou quoi ?

Il blêmit.

— Ça suffit, Nina.

— Je trouve aussi. J'en ai ma-a-arre.

Ma voix tremblote. Je vais pleurer.

Depuis mon arrivée au Caire, je ne fais que ça, on dirait.

Je chevrote :

— Pour quelle raison je n'irais pas me balader aux pyramides avec un... copain ?

Un copain, Pythagore-le-boutonneux ? Hier, j'aurais trouvé l'idée idiote. Mais, soudain, j'ai vachement envie de le voir.

Il est gentil. Lui. Il m'admire. Lui. Il est de mon côté. Lui. Ça me change...

— Nous t'emmènerons faire du tourisme, Odile et moi, décrète Papa.

— Si tu crois que ça m'amuse... !

— Merci.

Archivexé, mon père. Ça lui apprendra. Odile essaie d'arranger les choses.

— Voyons, chéri, remarque-t-elle, il est normal que Nina préfère sortir avec des jeunes de son...

Il l'interrompt :

— Demain, c'est impossible.

J'éclate :

— POURQUOI ?

— Tu as rendez-vous à l'hôpital Anglo-américain, crie-t-il plus fort que moi. Un spécialiste examinera ta cheville.

— Ça va bien, je te jure ! C'est juste que...

Il me coupe la parole :

— Tu me prends pour un imbécile, ou quoi ? Tu boites, ça saute aux yeux. Pourquoi le nies-tu ?

Parce que...

J'AI PEUR QU'ON M'INTERDISE DE DANSER. En ignorant le problème, je l'empêche d'exister. Il finira par se résoudre tout seul... je crois ! Mais, incapable de m'expliquer, je reste immobile, yeux baissés, à dévorer mes larmes.

Je pense :

« Nul, nul, Papa est nul ! »

L'hôpital, c'est la manœuvre n° 1, la n° 2 sera de m'imposer le souhait (ridicule) révélé par Odile. Je lis dans son jeu !

Et comment me défendre ?

COMMENT ?

— Passons à table, dit-il. Je suis revenu juste pour déjeuner avec vous.

Il aide Odile à se lever de son divan. Elle est en sucre, ou quoi ? La sollicitude de mon père me chagrine. Il m'envoie bouler, mais il est aux petits soins pour son Cygne noir[1]...

Trop injuste !

— Pas faim, je bredouille.

Il se moque :

— Tu veux te rendre intéressante, c'est ça ?

Vaincue, je me mets à pleurer.

— Voyons, Olivier... murmure Odile.

— Ah, je t'en prie ! s'exaspère-t-il, n'interviens pas.

Là-dessus, il me vocifère dans les oreilles :

— Si tu n'as pas faim, Nina, va dans ta chambre !

J'éructe entre mes larmes :

— Avec plaisir.

Et je fais volte-face en tâchant de claudiquer le moins possible. Avant de sortir de la pièce, j'entends Odile chuchoter :

— Tu la prends à rebrousse-poil, tu as tort, Olivier.

1. La magicienne maléfique du *Lac des Cygnes* s'appelle Odile et se transforme en cygne noir pour séduire le prince. Nina a donné ce surnom à sa belle-mère. Voir *À moi de choisir*, n° 2.

— S'il te plaît, laisse-moi m'occuper de ma fille comme je l'entends, réplique-t-il.

D'ici qu'ils se disputent ! Ce serait trop marrant. Mais je n'ai pas le cœur à rire.

Il faut voir les choses en face :

JE SUIS PRISONNIÈRE.

8
La danse de l'oiseau

Je m'assois sur mon lit.

Ah ! il est réussi, le voyage en Égypte ! ON me commande, ON m'enferme, ON m'empêche de manger. J'en suis tout étourdie. Un clone sévère (pire : cruel) a remplacé mon papa si tendre. Je n'y comprends plus rien.

Qu'est-ce qu'il lui prend ? Il a toujours fait mes trente-six volontés.

ALORS... ?

Il y a un mystère là-dessous.

Qui sait ? Sans le savoir, mon père a peut-être bu une potion bizarre – l'élixir des pharaons, par exemple. À son insu, un être nocif s'est glissé dans sa peau... et réagit à sa place. J'en frissonne. Une bande dessinée d'Émile racontait un truc de ce genre...

Et je murmure :

— Mimile...

Il est à des années-lumière d'ici, mon petit frère. Qu'il me manque, tout à coup ! Autant que Mo. Enfin... presque.

J'appelle à mi-voix.

— Mo...

Recluse à Paris, je pourrais imaginer qu'il va téléphoner ou sonner à la porte. J'échafauderais un plan pour l'avertir. J'aurais de l'espoir, quoi ! Mais, ici, je n'ai RIEN. Juste un noir cafard... et mon médaillon. J'y appuie mes lèvres (petite consolation), lorsque par le battant entrebâillé du placard, j'aperçois mes chaussons...

Je les avais oubliés. Comme s'ils ne comptaient pas !

Oh ! Nina...

Vite, je choisis une paire. Rose, noire, ou blanche ? En tout cas, sûrement pas les chaussons rouges, cadeau de Papa ! Je les refoule même derrière les autres, en pénitence...

Et j'enfile ceux d'Éva. En nouant leurs rubans, j'imagine la réaction de ma *petite mère*, si elle me voyait.

Pauvre oiseau captif... dirait-elle.

Voilà ce que je suis, en effet ! Un oiseau en cage, et blessé à la patte. Les ailes étendues, je tâche de fuir. Je me heurte partout – porte, lit, table. Je tournoie. On ne danse pas sur le carrelage... tant pis ! Je titube sur une pointe, avant de me relancer à l'assaut de ma prison. En appui sur ma bonne jambe, je m'accroche à des barreaux imaginaires et, le pied flex[1], je *développe* la mauvaise.

Vole, vole...

Maintenant, une drôle de musique m'accompagne, une musique que j'invente, au rythme des bonds maladroits de l'oiseau. Elle soutient sa course éperdue et inutile vers la liberté. Je la chante à mi-voix.

Et je commence à transpirer.

J'adore ! La buée tiède qui me poisse la peau est la preuve que JE DANSE, même

1. Pied « cassé », pointe en l'air, utilisé dans la danse moderne.

éclopée, même si ça ne sert à rien. Exactement comme l'oiseau prisonnier volette tant bien que mal pour se sentir vivant...

Je peux danser, me dis-je, quoi qu'il arrive. Je suis la plus forte, au fond, parce que je danse. Contre ça, mon père ne peut rien... !

La liberté ? Elle est dans la tête ! Dans la mienne, certainement.

La musique se tait.

Un jour, quand je serai étoile et très vieille (à quarante ans ou par là), dans très longtemps, quoi, je deviendrai chorégraphe. Certaines personnes écrivent des histoires avec des mots, d'autres avec des notes de musique, ou des couleurs... moi, je les raconterai avec des pas de danse.

Génial, non ?

Repliant mes ailes, je salue mon public. *Rond de jambe à terre, révérence*, je m'agenouille, les mains croisées sur la poitrine comme la Sylphide[1]. Les applaudissements

1. *La Sylphide*, ballet créé à l'Opéra de Paris en 1832 par Marie Taglioni qui dansa pour la première fois sur les pointes. La chorégraphie était de son père, Philippe Taglioni.

dégringolent du poulailler, rebondissent sur les corbeilles, ricochent vers le parterre, éclatent à l'orchestre...

Toc, toc !

Je reste saisie. La porte s'entrouvre. Papa, ou Odile... ?

C'est Zakiya.

Le soulagement ! Elle porte un plateau garni d'un verre de thé, de dattes et de loukoums roses empilés dans une coupelle.

— *For you...*

Au moins, dans cette maison, quelqu'un se soucie de mon sort ! Trop sympa. Grâce à Zakiya, je ne risque pas de mourir de faim ou de soif. Mais en m'apercevant à genoux par terre, les joues rouges et les cheveux en bataille, ses yeux s'arrondissent.

Je la rassure en chuchotant.

— *I am ballerina.*

— Ooooh...

Elle m'admire, c'est sûr. Je me relève (ouille ! la danse de l'oiseau a malmené ma cheville), et je tends le pied pour lui montrer mon chausson.

— *Very nice*, dit-elle.

— *Yes, but...*

Je voudrais lui expliquer que mon père veut m'arracher à la danse... mais comment ? Je n'ai pas assez de vocabulaire anglais. J'ânonne :

— ... *My father don't want*[1].

Puis j'ajoute, sourcils froncés.

— *He is* VERY VERY VERY *bad*[2].

Zakiya sourit.

— *No, Nina. Just angry*[3].

Tu parles ! Elle ne le connaît pas bien. Ça se voit. Passons à autre chose ! Je lui désigne les loukoums.

J'en ai déjà goûté dans un restaurant de couscous.

— J'A-DO-RE !

Elle rigole.

— Toi manger alors !

Elle a appris plusieurs mots de français, on dirait. Tant mieux. On va pouvoir discuter, toutes les deux. Soudain, mon moral remonte en flèche.

1. Mon père ne veut pas.
2. Il est TRÈS TRÈS TRÈS méchant.
3. Seulement en colère.

Mon alliée ne me laissera pas tomber. Je le sais.

Quand elle pose le plateau sur la table, je murmure :

— *Shokrane*, Zakiya.

Et je me précipite pour l'embrasser.

9
À l'heure de la sieste

Après son départ, je m'installe sur mon lit avec mes provisions, sans même ôter mes chaussons, et je pique-nique. Une gorgée de thé à la menthe, une datte, un grignotis de loukoum...

Halou !

Pendant ce temps, à la salle à manger, c'est patati et patata – je parie. Mon père me critique, Odile tente de le raisonner, à moins qu'elle ne lui rapporte mes réactions négatives de ce matin. Je les connais. Ils concluent en chœur : « Elle a un caractère infernal. » Peut-être même que Papa renchérit : « Il faut la faire entrer dans le rang. »

Ce serait bien son genre...

Qu'est-ce qu'il m'énerve !

Il n'a qu'une fille, une seule et unique fille, et il la torture moralement. À sa place, j'aurais honte. Soudain, cette idée me coupe l'appétit. Je finis difficilement mon troisième loukoum, malgré l'amande grillée dissimulée dans sa pâte parfumée à la rose.

Incroyable !

Mon père me gâche la vie. Il rend amères toutes les douceurs, lui qui jouait au génie de la lampe, celui qui exauce les trois vœux[1] ! D'ailleurs, j'y pense, il n'en a réalisé que deux. Il manque le troisième. Hélas, ce n'est pas le jour de le lui rappeler...

Cela dit...

Je vais le garder dans ma manche, ce souhait, comme une arme secrète ! On ne sait jamais. Et j'ai un coup au cœur : le long du couloir... des pas ! Ceux de Papa. S'il croit que j'ai envie de le voir...

Vite, Nina !

À peine trois secondes pour glisser le plateau sous mon lit, m'allonger, et faire sem-

1. Voir *Une étoile pour Nina*, n° 10.

blant de dormir, la figure dans l'oreiller... La porte grince déjà !

Je retiens ma respiration.

Papa s'approche de moi. Il se penche si près que je sens l'odeur de son after-shave, j'entends aussi son chuchotis étonné :

— Mon Dieu ! Elle dort avec ses chaussons...

Et alors ? Ce n'est pas encore interdit par la loi, que je sache ! Une seconde, il les effleure. S'il essaye de me les enlever, de dénouer les rubans... attention ! Un bon coup de pied... je suis cap ! Mais non... Il s'écarte. Et il repart.

Tchao !

Il referme le battant. Moi, je pousse un gros soupir.

Regret, tristesse, rancune... ? Je ne sais pas.

La vie est compliquée.

Un dernier bruit : le claquement de la porte d'entrée (M. Fabbri repart au travail), et le silence de la sieste endort l'appartement.

Moi, je n'ai pas sommeil.

Et je m'embêêête !

J'ai l'impression d'être rangée dans une boîte hermétique. Ne me parvient, assourdi, que le charivari infatigable de la rue où zigzague, soudain, le braiement d'un âne.

Ce serait génial de se balader dehors !

Du reste...

Qu'est-ce que j'attends ?

Si je sortais, personne ne le saurait – sauf Zakiya qui devine tout, on dirait. Mais elle est de mon côté, alors...

J'ôte mes chaussons et je me lève doucement.

Prudence ! D'abord, jeter un coup d'œil aux parages et vérifier que le passage est libre. Parce que si Odile se prélasse sur son divan et m'aperçoit...

Bonjour les ennuis !

Je sors à pas de loup. À cause des stores à demi baissés, tout est plongé dans la pénombre. Je tressaille (oh ! zut ! Le Cygne noir est là, au salon)... Mais non ! Ce n'est que son châle bleu jeté sur le canapé avec quelques coussins accumulés...

Du coup, au lieu de filer vers la sortie,

j'entre dans la pièce. Pour quelle raison ? Je ne sais pas. Une impulsion. Comme ça.

Après, je l'ai regretté, mais...

Pour l'instant, je repousse le châle afin de m'asseoir. Le catalogue que lisait Odile était caché entre ses plis ; il tombe par terre. Je le ramasse, et je le feuillette machinalement.

Pourquoi ce geste... POURQUOI ?

Ferme le catalogue, Nina. Vite !

Trop tard !

Je tombe sur la page cornée par Odile. Un mot y est écrit en gros. Non, en ÉNORME.

LAYETTE

Les yeux écarquillés, je le lis et relis, ce mot. Je ne peux pas y croire. Mais...

Sois lucide, Nina.

Si elle s'intéresse au trousseau des nouveaux-nés, c'est qu'ILS vont avoir...

Un bébé !

Oui. C'est ça. Tout s'explique : les joues rebondies d'Odile, son tee-shirt vague et Papa-aux-petits-soins.

Ils vont avoir un bébé.

Et ils ne m'ont rien dit. Ils ont gardé leur secret.

Jalousement. Entre eux. Comme si je n'avais aucune importance... ou que, dégommée par leur futur enfant, je ne faisais plus partie de la famille.

Quelque chose se tord dans mon ventre. J'ignore si c'est le chagrin ou la colère, mais ça fait mal.

Oh ! ils me dégoûtent, Papa et Odile.

Faux jetons !

Mes ongles se crispent sur la feuille, quand je tressaille à un frôlement tout proche... Odile ! Pieds nus, elle m'observe, de l'embrasure de la porte. Pendant trois secondes, on se regarde dans le blanc des yeux. Sans un mot.

— Je venais chercher mon catalogue, finit-elle par dire.

— Tenez...

Ma voix se casse, moqueuse et près des larmes, à la fois :

— ...Très jolis, ces modèles pour bébé !

Elle se mord les lèvres.

Oui, mon cher Cygne noir, je suis tombée pile sur la bonne (ou la mauvaise) page, et j'ai tout pigé. Embêtant, hein ?

Et elle paraît (salement) embêtée.

— J'aurais préféré t'annoncer la grande nouvelle autrement, avec Olivier, mais puisque tu as deviné...

Le sourire forcé, elle s'écrie :

— Génial, hein ? Tu vas avoir un frère, ou une sœur.

Là, je ne la rate pas :

— Pas tout à fait, je riposte, vu que ce sera un « demi ».

Je m'explique (au cas où elle n'aurait pas compris) :

— Il ne sera pas l'enfant de ma maman.

— Mais il est celui de ton père.

Et alors ? Ça suffit pour être folle de joie, gambader, chantonner, ou tricoter une brassière ? N'importe quoi ! Je devrais pleurer, oui, sans arrêt : Papa a complètement oublié Maman. La preuve ! Et moi, à cause du bébé, je vais devenir la cinquième roue de la charrette. Papa a déjà changé d'attitude. Lorsque son nouvel enfant naîtra, il m'oubliera aussi, dé-fi-ni-ti-ve-ment !

Aurore et Nina, à la trappe !

— On en reparlera, soupire Odile.

— Non merci. Ça me suffit.

Sur ce, je me lève. Je sors du salon, tandis

qu'Odile repart chez elle, son catalogue débile serré sur la poitrine. Oh ! l'impression ! On m'a flanqué un coup de gourdin sur le crâne. Mes genoux flageolent. Je n'ai plus envie d'aller dehors, ni dans ma chambre. Et personne à qui parler. À part...

J'entre dans la cuisine en appelant à mi-voix :

— Zakiya... ?

Pas de réponse. La pièce est déserte. Il y flotte une odeur de savon et de Javel, à laquelle se mêle celle des citrons verts rangés dans une corbeille. La vaisselle égoutte sur l'évier, et les tomettes brillent, encore humides. Zakiya vient à peine de terminer son travail.

Où est-elle maintenant ?

Je fais quelques pas... et, dans un renfoncement, entre des étagères encombrées de casseroles, j'aperçois une porte à demi vitrée. Elle est entrebâillée : je m'y faufile, et je débouche sur l'escalier de service qui dévale vers les étages inférieurs. Mais un autre – très raide – conduit à une ouverture masquée par un rideau de perles multicolores, sur la gauche. On habite le dernier étage, a dit Odile.

Alors ? Qu'y a-t-il au-dessus ?

Je m'en doute un peu, mais... je vais voir ! Oubliant (momentanément) le demi-frère-sœur, j'escalade les marches. Lorsque je l'écarte pour passer, les perles du rideau chantent comme des grelots et, moi, je retiens un petit cri.

Le toit ! C'est bien ça !

Je suis sur le toit de l'immeuble, une grande terrasse où la lessive sèche pendue à des fils de nylon. La brise fait onduler des draps blancs et, lorsqu'ils se soulèvent un peu plus haut, j'aperçois... Zakiya !

Couchée sur une natte, à l'ombre d'un des parapets, elle fait la sieste. Par terre, sa tresse ressemble à un serpent noir assoupi.

Je n'ose plus bouger.

La voir dormir là... drôle d'impression ! Les draps qui voltigent viennent de s'entrouvrir sur un autre monde – on dirait. Un monde auquel je ne pense jamais. Et qui existe. Pour de bon.

Qu'il est loin de la danse !

En retombant, le linge me cache Zakiya. Mais je découvre autre chose. Et je fais :

— Ooooh !

Le spectacle !

Un fouillis de toits plats, de minarets et de coupoles s'enchevêtre sous mes yeux, mosaïque ocre et blanche étoilée, ici et là, par la tache verte des palmiers. Le Caire vu d'au-dessus. Son inlassable tumulte bat comme un tambour.

C'est trop beau...

Au loin, dans la poussière qui brouille le paysage, se déroule un ruban gris où se sont posées des voiles, papillons tremblants.

Le Nil [1].

Le plus grand fleuve d'Afrique.

Impressionnée, je cligne des yeux dans la clarté du ciel. Au fond, l'Égypte me plaît – je crois.

1. « L'Égypte est un don du Nil. » En effet, sa richesse vient de la crue du fleuve, qui (avant la construction des barrages) inondait régulièrement ses berges et, en se retirant, y laissait un limon très fertile.

10
L'horrible vérité

Je le croyais. C'était hier. L'Égypte me plaisait. Aujourd'hui, je déteste ce pays. À cause de mon père. On sort de l'hôpital Anglo-américain, tous les deux. L'après-midi décline. Et, moi, je suis au trente-sixième dessous. Je ne vois rien du quartier élégant où nous déambulons. Si j'étais dans le désert, ce serait pareil. Je me sens si seule !

Perdue.

— Nous voilà fixés, Nina... commence Papa, l'air guilleret.

Mon regard hostile lui coupe la parole. Je lance d'une voix vibrante :

— Non. On n'est pas fixés.

— Voyons ! Le médecin t'a exposé clairement les choses.

Ah ! ça oui ! Il me les a même jetées à la figure dans un français parfait. Impossible de prétendre qu'il a tout compris de travers (ou *vice versa*).

Sa voix un peu rocailleuse (qui jaillissait de sous sa grosse moustache) me tape encore dans les oreilles..

Mademoiselle, vous avez une inexplicable faiblesse de la cheville, sans doute due à un travail inadéquat. Il faut arrêter la danse.

Un malade... ou un fou ? À qui croyait-il parler ? À un amateur ? À une « Marion-Polochon[1] » qui « fait de la danse » ? Rien à voir avec « danser », bien sûr. Quelle ignorance crasse ! Et il ne m'a pas prise au sérieux.

Vous trouverez d'autres activités, il y a tant de distractions agréables dans la vie... a-t-il prophétisé.

N'importe quoi !

Qu'est-ce que je m'en moque, des « dis-

1. Voir *Nina, graine d'étoile*, n° 1.

tractions agréables » ! Pour moi, la danse n'est ni une distraction ni (bêtement) agréable. Elle est primordiale. C'est ma vie. Elle coule dans mes veines comme du sang... et il me conseille de le remplacer par de la grenadine !

Si-si, c'est un peu ça. Oh ! Il est trop bête, ce type !

S'il s'imagine que je vais troquer la danse contre la broderie, la composition d'un herbier, ou une collection de hannetons...

J'en mourrai !

C'est la danse que j'aime.

JE ME FICHE DU RESTE.

— Écoute, Nina...

Non. Je n'écouterai rien. Je me bloque. Je me ferme. Je baisse les yeux. Mais j'entends quand même.

— ... On va aller discuter à la piscine de l'hôtel Hilton. Un endroit très sympa.

Parce que – à son avis – un endroit sympa suffira à me consoler ? Il déraille, mon père. Il démolit ma vie et il veut m'amadouer avec un susucre ! En plus, je serai obligée de lui dire merci.

Si ça continue, je...

Je... quoi ? Rien. Je ne sais pas ce qu'il faut faire. Je crève surtout d'envie de pleurer. À cet instant, un jeune homme nous croise. Au passage, il frôle mon bras nu, en marmonnant : *Heloua...* Papa sursaute. Trop tard ! L'autre s'est déjà perdu parmi les passants.

Je renifle :

— Qu'est-ce qu'il a dit ?

— Mignonne... ou chouette, me répond-il, agacé. C'est le féminin de *helou.*

La tête ! Que sa fille plaise lui déplaît. J'en rajoute – rien que pour l'embêter :

— À Madrid aussi, on m'a dit que j'étais jolie[1].

— Ne prends pas ces compliments au pied de la lettre, réplique-t-il sèchement. Il y a un âge où toutes les jeunes filles paraissent... belles.

Merci. Hypersympa, mon père !

Je suis TRÈS jolie. Plus que les autres. Je le sais. Mais...

S'il faut devenir moche pour continuer à danser, j'accepte !

1. Voir *Un trac du diable*, n° 11.

Quoique...

Engagera-t-on un laideron dans un corps de ballet ? Pas sûr. Il n'y a pas de solution.

— Allez, la voiture est garée là ! s'écrie Papa. Au lieu de ruminer, monte.

Il m'ouvre la portière. J'obéis.

On dirait que, maintenant, c'est ma vie...

L'obéissance !

11
Une famille normale

Du bar, à la piscine du Hilton, on voit le Nil, plus bas, le va-et-vient de la foule, avec, çà et là, les premières lumières du soir qui s'allument. Coudes sur la table, menton dans la main, je fais semblant de m'y intéresser. D'ailleurs, je m'y intéresse... un peu. D'ici, je vois bien les felouques, si légères sous leurs voiles pointues.

— Des bateaux qui n'ont pas changé depuis l'Antiquité, me renseigne-t-il.

— Je suis au courant.

— Comme par hasard !

— Non. Je l'ai lu dans le livre de Cédric Weiss.

Ma bouche se retrousse – je le sens. Un chien qui va mordre.

— Je me cultive, figure-toi.

— Tant mieux. Tu en as besoin.

— C'est vrai ! Tu me trouves nulle !

Il essaie d'arrondir les angles :

— Pas toi, tes notes.

J'aboie :

— Y-a-pas-que-ça-dans-la-vie !

Mon père prend une expression inspirée (genre : je parle sérieusement à ma fille).

— Certes, dit-il, il n'y a pas que ça, Bich... euh... Nina. Mais lorsqu'on veut se faire une place au soleil, il faut...

Je le regarde, ironique (et méchante). Il y a peu, il était au chômage, et il me sert un sermon sur la réussite ? Ça lui va bien ! Heureusement, le serveur surgit pour noter la commande. On change de sujet.

Papa grommelle :

— Que prends-tu ?

— Un karkadé.

J'ajoute en décochant mon plus beau sourire à l'employé :

— *With a loukoum, please*.

Nina parle anglais ! Papa en reste baba.

Un point pour moi.

— Tu vois, quand tu veux ! remarque-t-il. Et tu t'habitues déjà à la boisson du pays et à ses friandises... bravo !

Je ne réponds pas. Le goût de ces spécialités égyptiennes est lié à la gentillesse de Zakiya. C'est pour ça que je les ai choisies : j'ai besoin de réconfort. Mais si je le dis à Papa, il va mal le prendre... ou il ne comprendra rien !

Du reste, il est sur son nuage...

— Les choses vont s'arranger, annonce-t-il, béat.

Je lui jette un coup d'œil hésitant.

— Pour ma cheville, tu veux dire ?

Soudain, l'espoir fou !

— On va aller voir un autre médecin ?

Papa balaye mes illusions d'un geste de la main :

— Non. Ce problème-là est réglé.

À cet instant, le garçon pose les consommations sur la table. On se tait. Dans le brusque silence, les verres tintent trop fort. Dès que nous sommes seuls :

— Il faut tourner la page, Nina, décrète mon père. Maintenant, on va vivre ensemble, au Caire, tous les trois, avec... le bébé. Odile m'a dit que tu savais.

— Oui. Mais évite de m'en parler : le sujet ne m'intéresse pas.

— Dommage ! Parce que nous allons enfin redevenir une famille normale.

Je lâche, les dents serrées.

— Arrête ! On N'EST PAS une famille normale, puisque ma mère à moi est morte ! Elle est à moitié démolie, ta famille « normale ».

— J'essaye de la reconstruire... répond-il avec effort.

— Tu n'y arriveras pas ! Ce sera toujours du faux. Parce qu'il y a un truc qui ne va pas : je ne suis pas la fille d'Odile. Elle ne remplacera jamais Maman. En plus...

— Quoi ?

— Moi, je suis à part. Je ne suis pas une fille « normale ». JE DANSE. Les enfants de la danse ne sont pas comme les autres.

Il murmure :

— Tu devras te réhabituer à l'être. Tu ne danseras plus, sauf pour t'amuser... ou dans les fêtes.

— Tu crois ça ? Mais personne ne m'empêchera de danser POUR DE VRAI. Personne.

— Si. Moi.

Le coup ! Pétrifiée, je reste muette.

Oh ! si je pouvais être sourde, aussi...

— C'est fini, m'assène-t-il. Je te croyais douée et j'ai consenti à tous tes caprices, mais depuis cette misérable mention à Madrid, je crains d'avoir eu tort...

« Tu n'y connais rien... ! » voilà ce que je devrais lui lancer dans les dents. Le souffle coupé, j'en suis incapable.

— Dans ces conditions, pourquoi vivre séparés ? demande-t-il.

Je ne réponds pas. Il me sourit.

— Tu me manques, Nina.

Retrouvant ma langue, je réplique avec insolence :

— Ah bon ? Moi, c'est la danse qui me manque. Et Maman.

J'ai tapé au bon endroit. En plein cœur. Il y a un blanc. Mon père détourne les yeux. Que s'imaginait-il ? Que j'allais m'incliner : « Oui, Papa, merci, Papa, tu as raison, Papa. »

Non mais ! Il me prend pour une nunuche sans personnalité ? En tout cas, s'il veut la bagarre, il l'aura ! Je le guette, mes mains crispées sur le verre de karkadé. Et il se reprend.

— Je suis ton père, dit-il d'un ton froid, tu feras ce que j'ai décidé, que ça te plaise ou non. Tu vas rester au Caire avec nous. Oublie ta vie d'artiste. Je t'inscrirai dans un collège privé pour que tu rattrapes ton retard scolaire. Tu verras, ma chérie, tu seras très heureuse...

Sans la danse ?

Il est cinglé !

Je le fixe, les yeux élargis. Je veux crier. Je ne peux pas.

— Voyons, Nina, ne prends pas ça au tragique, soupire-t-il en me caressant la joue.

Un geste tendre ? Ah ! non ! Pas question ! Je l'esquive, le verre m'échappe. Il se brise sur le sol dans un tourbillon de sons cristallins.

Et je me mets à pleurer.

12
Celui que je n'attendais pas !

Le retour à la maison est sinistre.

Pas un mot. Pas un sourire. Deux robots ! Voilà ce que nous sommes. Il conduit, mâchoires serrées. Moi, je renifle à petits coups. Lorsqu'il ouvre la porte d'entrée, je pousse un soupir de soulagement.

Vite ! Dans ma chambre !

Je vais m'y claquemurer... et refuser d'en sortir. Ça s'appelle faire grève. Parfois, ça donne des résultats.

Mais Odile appelle du salon :

— Nina, viens voir...

Oh ! zut ! Que me veut-elle ? J'hésite.

— Eh bien, vas-y, s'énerve mon père, qu'est-ce que tu attends ?

Bon. Je ferai grève après. Ça n'en aura que plus de poids. J'entre dans la pièce...

Ça alors !

Cédric Weiss – aussi rouge que d'habitude. Piqué sur un des divans, il se lève d'un bond en m'apercevant.

— Je t'attends depuis dix-sept heures, dit-il.

— Mais...

Et dans mon dos, Papa s'écrie :

— Désolé ! Je devais avertir ta mère et j'ai oublié.

Puis il s'explique laborieusement : ma cheville, le médecin, etc. Odile a l'air gênée. Moi, j'ai envie de rigoler. Il a toujours été tête en l'air. Ça n'a pas changé. Et là, il est pris en flagrant délit !

Du coup, je me sens mieux. Plus forte.

J'adresse même un demi-sourire à Pythagore. Je suis bien contente qu'il soit là ! Dans cette ville, quelqu'un pense à moi... J'aperçois un verre vide sur la table basse et des noyaux de dattes dans un cendrier.

Odile l'a fait patienter. Le pauvre ! Il a poireauté sans faiblir.

Voilà mon père assez embêté ! Encore plus lorsque Cédric annonce :

— Mes parents ont réservé des places pour le spectacle son et lumière des pyramides, ils invitent aussi Nina.

— Comment ça ? grommelle Papa.

— Vu qu'on devait se balader ensemble cet après-midi, ils ont pensé que c'était une bonne idée qu'on finisse la journée avec eux.

— Certes...

Et un père qui patauge, un ! Mais je ne ris pas. Les pyramides, la nuit... ça doit être super ! Oh ! la la ! Qu'est-ce que j'ai envie d'y aller – quitte à supporter Nez-en-harpon !

Odile intervient :

— Laisse-la sortir, Olivier. Ne serait-ce que pour Cédric.

— Je ne suis pas sûr que Nina le mérite...

— Oh ! je t'en prie, l'interrompt-elle. Ta fille a besoin de s'amuser un peu.

Elle comprend les choses, elle. Je lui

souris. Elle m'a souvent aidée[1]. Une chance ! J'aurais pu tomber sur une belle-mère complètement bouchée.

Et Papa craque ! Il accepte, quoi !

Pas pour moi. Pour son image de marque. M. Weiss est son patron.

N'empêche...

Ma cage s'ouvre !

Incroyable !

Pour moi (et tout le monde), les pyramides = majesté et solitude. De loin, ou en photo, on a cette impression. Mais dès qu'on s'approche... ça change ! Les demeures éternelles[2] des pharaons, Kheops, Khéphren et Mykérinos, ne sont plus seules dans l'immensité du désert. Au cours des siècles, les immeubles ont gagné du terrain, et les frôlent presque.

Le taxi (payé par Papa) nous débarque au pied d'un palace qui – façade somptueuse et lumières clinquantes – tâche même de les éclipser.

1. Voir *À moi de choisir*, n° 2.
2. Les pyramides sont des tombeaux.

Je m'étonne :

— Drôle de mélange !

— En même temps, c'est chouette, remarque Cédric. On a l'impression que le pharaon veille encore sur son pays.

Et il se tait, écarlate. Pourtant, elle est jolie, son idée... Mais je l'impressionne, y a pas à dire ! Tandis qu'on se dirige vers l'hôtel (ses parents nous attendent dans le hall), il marmonne :

— Dis donc, il n'est pas marrant, ton père.

Ça... ! Mais je n'aime pas que les autres le critiquent. Ce droit m'appartient. À moi seule. Et je réponds avec vivacité :

— Oh ! si, il est supersympa... d'habitude. Là, je ne sais pas ce qu'il a, il est énervant, il s'inquiète.

— Pourquoi ?

Inutile de tout lui révéler ! Je marmonne une vague explication au sujet de ma cheville.

— Ah ! je vois ! s'écrie Cédric. Il a peur que tu ne danses plus.

J'acquiesce, la gorge serrée. Si c'était la bonne explication... ! Et ce devrait l'être, si

Papa était un VRAI père de danseuse. Oh ! il est vraiment décevant ! Et je sursaute. Cédric dit quelque chose d'intéressant... DE TRÈS INTÉRESSANT...

— Ma mère a un médecin génial, au Caire. Elle te donnera son adresse. Tu vas voir, il te guérira.

Les mots que j'attendais. Trop sympa, le matheux... ! Je pousse un de ces soupirs de soulagement ! Entre Cédric et Zakiya, je ne suis plus si abandonnée que ça.

Courage, Nina.

Tu redanseras.

QUAND MÊME !

13
Nina-des-pharaons

Je me sens mieux.

Même Mme Weiss (en fait, elle s'appelle Martine) me paraît aimable. Quoique... Son baiser ressemble à un coup de bec.

— Bonsoir, Nina.

Précipitamment, je lui tortille une phrase de politesse, au cas où Papa aurait AUSSI oublié d'envoyer des fleurs. Le voyage... et tatata... merci beaucoup ! Et cette soirée... et tatata... trop gentil...

— Nous sommes heureux de te faire découvrir les pyramides ! m'interrompt Christian Weiss.

Il n'a pas changé depuis l'aéroport. Il me

regarde avec autant de gentillesse, ou d'intérêt, et il rigole :

— Qui sait ? L'histoire de l'Égypte va peut-être influencer ta danse...

Je réponds avec sérieux :

— Bien entendu.

Et, sans réfléchir, je révèle :

— Déjà, dans l'avion, j'ai imaginé un ballet.

— Magnifique !

Je souris.

Oh ! ça fait du bien ! Des gens croient en moi ! Ils sont sûrs et certains que je vais continuer à danser. D'accord, ils n'y connaissent rien. N'empêche... ! Ils me galvanisent. Et j'oublie les décisions (ou manigances) de Papa. J'emboîte le pas à la famille Weiss en traînant un peu la patte. Mais...

Pas d'affolement, Nina.

Le docteur-miracle te guérira bientôt !

Cédric se retourne :

— Ça va ?

— Super.

J'écarquille les yeux pour ne pas perdre une miette du paysage. Après s'être arrêtés au guichet pour louer des couvertures (il ne fait pas chaud, paraît-il, sur le plateau de Gizeh [1]), on débouche sur une immense terrasse où s'alignent des rangées de fauteuils.

Les pyramides sont en face. Dans la nuit arrivée à pas de loup, elles se découpent à peine. Et le désert commence derrière elles, mystérieux, comme si les portes de la nuit s'ouvraient sur lui...

Drôle d'endroit !

Je ne sais quoi me pince le cœur. Une fille de mon âge s'est peut-être assise ici, dans le sable, il y a des milliers d'années. Maintenant, je m'installe à sa place – une façon de la ressusciter un instant...

Dansait-elle, la Nina du temps des pharaons ?

Oh ! oui, sûrement ! Elle ne pouvait que danser ! C'est pour cette raison que je pense à elle. Du fin fond des temps, elle m'a fait un petit signe...

J'aimerais beaucoup imaginer son histoire. Et la danser.

1. Qu'on appelle aussi Giza.

— Tiens, la couverture, me dit Cédric.

J'oublie Nina-des-pharaons.

— Oh ! je n'ai pas froid.

— Pas encore, intervient Mme Weiss. Mais si le vent se lève, tu risques d'attraper la grippe...

Ça n'arrangera pas mon cas, c'est sûr !

J'attrape le machin kaki et je l'étale sur mes genoux. Mais Cédric s'est carrément drapé dans le sien. Un vrai déguisement de sachem[1] ! J'éclate de rire.

— Il ne te manque que la plume et le calumet !

— J'attends que tu me les offres, rigole-t-il.

Tiens ! Pythagore a de l'humour. Et dans l'obscurité, je ne vois pas ses boutons, ou s'il rougit... ! À cet instant, le spectacle débute. On se tait. La musique éclate, venue des profondeurs de la terre, dirait-on. Des rayons laser balayent les monuments, les illuminent.

— Oooh !

1. *Sachem* : chef de tribu chez les Indiens d'Amérique.

Et le sphinx[1] jaillit des ténèbres, tête dressée...

Il a été placé là par le roi Khéphren pour veiller sur les trois pyramides. Sa voix retentit, elle emplit le désert. Le lion à visage humain a l'air de parler pour de bon.

Impressionnant !

Je tire la couverture jusqu'à mon nez, je me blottis dans sa chaleur qui gratouille un peu. Non ! je n'ai pas peur. C'est juste que Mo me manque, tout à coup ! Admirer de belles choses sans lui... trop triste ! En entendre... encore plus ! Maintenant, comme surgie de l'époque de Ramsès II, une voix récite un poème de ce temps-là.

Je suis dans ton amour comme un roseau dans le vent...

Que c'est beau !

Si Mo était ici, je lui prendrais la main... et il saurait que cette phrase lui est destinée depuis des siècles ! Nina-des-pharaons la murmurait-elle à son amoureux... ?

1. Monstre à corps de lion et tête humaine préposé dans l'Égypte pharaonique à la garde des sanctuaires funéraires, sous forme de statue.

J'aimerais... !

Un tonnerre de cymbales environne la grande pyramide qui, écrasante, apparaît en pleine lumière. Aussi haute que le ciel noir, elle le griffe...

Je me sens bien petite, à côté. Un grain de sable.

Et je ferme les yeux.

Je reprends mon souffle.

Je suis toute droite dans le cercle de lumière, au milieu de la scène. La musique éclate. Je pique de la pointe. Mais... je ne peux pas... je ne peux plus danser !

— Maman !

Je l'ai appelée de toutes mes forces. Ça me réveille. Autour de moi résonne le fracas de la bande son. Personne ne m'a entendue – j'espère...

Et je croise le regard de Cédric.

Si. Lui.

À moi de piquer un fard.

S'assoupir pendant le spectacle des pyramides... ! Que doit-il penser ? Éblouie par les lasers, je clos à demi les paupières.

Un parfum de jasmin m'effleure les narines. Je souris.

Maman.

Elle est là. Avec moi. Elle ne me quittera jamais, au fond. Alors... pourquoi je m'inquiète ?

Et, en rouvrant les yeux, je m'aperçois que Cédric ne regarde plus le spectacle.

C'est moi qu'il regarde.

14
En douce

Samedi.

La magie des pyramides effacée, je me retrouve au même point : dans le pétrin. Papa est absent. Il a été appelé sur un chantier. Nous déjeunons, Odile et moi. J'ai posé sur la table le bristol où Mme Weiss a griffonné l'adresse de son médecin...

Entre deux bouchées, ma belle-mère y jette un coup d'œil.

— Pourquoi tiens-tu tant à y aller ? demande-t-elle.

— Je suis sûre que le type de l'hôpital Anglo-américain s'est trompé.

— Ça m'étonnerait.

— Une erreur médicale, ça arrive !

— Rarement.

— Au contraire, il y en a plein. Je le sais. On en parle assez à la télé !

Odile soupire :

— Tu es terrible ! Toujours en train de batailler...

— Normal ! ON passe son temps à m'attaquer. Je me défends.

Elle me sourit :

— Tu te trompes, mon chou, ton père t'aime. Il ne veut que ton bonheur.

— Non.

Je ne souris pas – moi. Je m'explique, sourcils froncés. Il veut SON bonheur à lui. Nuance. Avec toute sa petite famille sous son aile. Il se prend pour une poule ! Nous sommes ses poussins.

J'ajoute :

— Et je dois ressembler à la fille de ses rêves. Il me l'a expliqué en long, en large et en travers. Au lieu de danser, il faut que je redevienne NORMALE.

— Je ne vois pas où est le problème...

Odile a besoin de lunettes, ma parole !

Oh ! qu'est-ce que je peux faire pour qu'on m'écoute ?

QU'EST-CE QUE JE PEUX FAIRE ?

Elle se ressert de *foul*, un plat égyptien préparé par Zakiya. Un mélange de fèves, d'oignons, d'épices. Vachement bon... quand on a faim. Mais j'ai l'estomac noué. Si on me refuse cette nouvelle consultation...

— Mets-toi à la place de ton père, Nina.

Il ne manquait plus que ça ! À moi d'être compréhensive, et tout, et tout. C'est la meilleure ! Je m'insurge :

— Pas question ! Il ne se met jamais à la mienne.

— Que veux-tu ? La danse lui semble un avenir aléatoire.

L'argument idiot ! Je m'énerve :

— De toute façon, TOUT l'est dans la vie. On n'est jamais sûr de rien.

Et je lance, la voix frémissante :

— Par exemple, quand Papa s'est marié avec Maman, il s'imaginait que ça durerait la vie entière, il ne pensait pas qu'elle mourrait si vite... vous ne croyez pas ?

Silence.

Une ombre bizarre ternit les yeux bleus

d'Odile. Je crois que je lui ai coupé l'appétit. Elle repose sa fourchette, et se lève.

— Finissons-en, dit-elle, je vais prendre rendez-vous pour toi.

Étranglée de joie, je ne la remercie même pas.

Elle va ramasser le sans-fil sur la table basse. Et – c'est drôle – elle tient son ventre, comme si, tout à coup, elle avait peur pour le bébé...

Et ça me fait de la peine. Je ne sais pas pourquoi.

Le docteur nous recevra lundi.

Odile m'accompagnera.

Nous finissons de déjeuner. Sans échanger un mot. Après, chacune file dans sa chambre.

Lorsque je passe dans le couloir, la porte de la cuisine bâille. Derrière, j'aperçois une silhouette aux aguets sous les plis de l'*hélaliyeh*[1] noir. Ça alors ! Zakiya va sortir ?

1. Grande cape de laine qui enveloppe le corps et cache la tête, assez voisine du tchador.

Elle m'appelle d'un geste bref.

Je la rejoins en boitillant.

— Moi connais... *doctor*... souffle-t-elle. Bon *doctor*... pour jambe.

Elle se lance dans une tirade en arabe, et je la regarde avec des yeux ronds. Elle ajoute en anglais :

— *Come with me...*

Aller avec elle ?

— Mais lundi... euh... je dois voir un médecin...

— *Wahesh !* m'interrompt-elle. Mauvais.

— Comment tu le sais ?

Impassible, Zakiya n'a pas l'air de comprendre ma question. Du coup, je bredouille trois phrases embarrassées où surnagent les mots « Papa » et « Odile ». La femme de ménage lève les mains au ciel.

— Pas dire eux.

Merci du conseil. Mais si je m'échappe de l'appartement sans permission, et qu'ils me pincent au retour... Aïe !

— Nina...

Soulignés par des traits de khôl qui bavent un peu, ses yeux sombres brillent, énigmatiques.

— ... Toi veux guérir ?

Cette question ! Je fais un grand signe de tête...

Et elle me précède dans l'escalier de service.

Agrippée à la rampe, j'imagine une *pirouette en attitude*, un *piqué arabesque*, ou un joli *pas chassé*. J'adore les chassés.

Ces images me donnent le courage de suivre Zakiya.

Je vais guérir.

Et danser, danser, danser... !

Tout en descendant :

— Prendre taxi, dit Zakiya.

— Oh ! zut !

J'ai oublié d'emporter de l'argent... ! Elle me cloue le bec en sortant des billets de sa poche.

— Moi payer.

— Et je te rembourserai...

— *Bokra* [1].

On sort de l'immeuble. Le long de Nasser Road, les voitures soulèvent des nuages de

1. Demain.

poussière dans un tohu-bohu de klaxons, coups de frein, ou imprécations.

Un taxi là-dedans ? Zakiya en trouve un ! À son geste impérieux, il s'arrête, une roue sur le trottoir. On s'engouffre à l'intérieur. Et il redémarre avec un fracas de ferraille.

Moi, tout à coup, j'ai un peu peur.

Où va-t-on... comme ça ?

15
Le mystérieux Doctor Abdel

À grands coups de volant, freinages secs ou brusques accélérations, le chauffeur fonce dans le caravansérail de la circulation. Il klaxonne sans relâche. Mes oreilles ! Sur le pare-brise, j'aperçois une espèce d'image pieuse aux couleurs de bonbon. Entourée de fleurs en plastique, elle représente un beau visage de femme.

— Umm Kulthûm [1], m'explique Zakiya. Grande artiste...

1. Fatima Ibrahim, dite Umm Kulthûm, en français Oum Kalsoum (1898-1975), chanteuse mythique du monde arabe.

Une danseuse... peut-être ? Mais j'éluciderai la question plus tard. Dans un tournant, je glisse de la banquette et on rigole.

Quoique...

Je n'en mène pas large ! Oubliant le côté pittoresque de l'expédition, je me trouve imprudente, naïve, ou tête en l'air. Je suis en train de m'enfoncer dans une ville inconnue avec une femme qui l'est presque...

Pas très sérieux !

Et, furtivement, j'effleure le médaillon.

Mais Zakiya jette un ordre bref. Le taxi pile en double file. On descend.

Je demande :

— Où on va ?

Est-ce que je fais une drôle de tête ?

— *Don't worry*[1]... me rassure Zakiya.

N'empêche... je m'inquiète ! Elle répète :

— Toi veux guérir ?

— Oui.

— *Inch'Allah*[2]... murmure-t-elle.

Et, tournant le dos à l'avenue, elle m'entraîne vers une longue rue étroite, pleine

1. Ne t'inquiète pas.
2. Si Dieu veut.

de magasins, échoppes, et étals de sucreries devant lesquels se bouscule un monde fou. Égyptiens en galabieh [1] ou en jeans, et touristes, l'appareil photo sur le ventre.

J'entends parler des Français, et je comprends qu'on est dans le souk [2] ! Mais... pas le temps de faire du lèche-vitrines !

— *Yalla* [3] ! s'écrie Zakiya.

On s'engouffre dans une ruelle, puis une autre. Les passants deviennent rares. Plus un étranger, en tout cas. Je regarde derrière moi. Je ne sais plus où se trouve la rue aux touristes...

L'angoisse ! Enfin... sur les bords, quoi !

Une odeur de fruits pourris imprègne l'air. Des gosses qui jouent sur le trottoir nous regardent passer. Ils sont en pyjama – un vêtement pas cher. Un chien famélique fouille du museau dans des épluchures.

Tout ça me colle un peu mal au cœur, mais...

1. Sorte de longue robe portée par les hommes.
2. Grand marché dans les villes arabes.
3. Allez !

— *Hina*[1] ! s'écrie brusquement Zakiya.

Et j'oublie tout.

Ma cheville... ! Quelqu'un va s'occuper de ma cheville. On entre dans un petit immeuble. On monte un étage. Zakiya frappe à une porte.

Elle s'entrouvre...

J'aperçois un homme coiffé d'un turban et vêtu d'une galabieh rayée.

— Doctor Abdel... commence Zakiya.

Ils échangent quelques mots. Puis nous le suivons à l'intérieur. Il fait sombre – des tentures aveuglent les fenêtres. Près d'un divan bas, le verre d'un narguilé[2] luit dans la pénombre...

Le médecin me fait signe de m'allonger. Zakiya m'encourage d'un signe. J'obéis. Je m'étends, la tête sur un coussin, les jambes bien parallèles. Si Papa me voyait...

Silence.

J'entends juste le froissement de sa galabieh, lorsque Doctor Abdel s'approche. Il se

1. Ici !

2. Pipe orientale, composée d'un tuyau flexible et d'un flacon d'eau parfumée par lequel la fumée transite.

penche sur moi – sans me toucher. Il étend les mains au-dessus de mes chevilles. Je ne peux pas faire autrement : je ferme les yeux. Et j'attends.

Le médaillon a glissé contre ma joue...

Et ma cheville malade commence à chauffer. Fort. De plus en plus fort. Elle brûle. Je me retiens de me tortiller, ou de me plaindre. Je serre les dents.

Jusqu'à ce que...

Oh ! non ! je ne supporte plus ! Rouvrant les yeux, je pousse un petit cri, et... ma cheville commence à refroidir.

Le soulagement !

Lorsqu'elle est à la même température que l'autre (mais comment le sait-il ?) Doctor Abdel me fait lever. Et il me dit.

— *El hamdulillah*[1] *!*

Zakiya s'écrie :

— Toi guérie, toi danser !

Je balbutie :

— *Shokrane...*

Je me sens fatiguée, fatiguée... étonnée, aussi. Plutôt chamboulée, quoi ! Vite ! Je

1. Je remercie Dieu.

bouge la cheville. Elle ne me fait plus mal ! Je marche jusqu'à la porte... Je ne claudique plus !

La joie me monte à la tête !

Pour un peu, je m'enfuirais en courant, tournant, dansant !

— *Go to sleep* [1], m'enjoint Doctor Abdel – une fois que Zakiya l'a payé.

O. K. Je somnole déjà dans le taxi du retour, et je grimpe l'escalier de service dans un état second. Je me faufile dans l'appartement comme un fantôme. Personne.

Ni vu ni connu !

Zakiya ouvre mon lit. Je m'y effondre en bredouillant :

— Tu es trop géniale...

Et je bascule dans le sommeil.

J'ai dormi jusqu'au lendemain.

1. Va dormir.

Épilogue

Vu que la visite à Doctor Abdel est un secret, je suis allée avec Odile, lundi, chez le médecin de Mme Weiss. Ayant fait ses études à Paris, il parle très bien français. Après avoir regardé mes radios, ausculté ma cheville, il annonce, l'air ébahi :

— Mais cette petite n'a aucun problème, madame.

Je bondis sur mes pieds :

— Qu'est-ce que je disais !

— Pourtant, proteste Odile, je vous assure que...

Il l'interrompt :

— Une fatigue passagère ou un muscle

douloureux qui s'est remis de lui-même, sans doute.

Je m'écrie :

— Alors, RIEN ne m'empêche de danser !

— Non, rien.

Et (c'est plus fort que moi), je fais une pirouette triomphante. Mes cheveux en voltigent.

Je vais danser...

Encore et toujours !

FIN

Table des matières

1. Et c'est reparti ! 9
2. La déesse et Pythagore 19
3. Al Qahira 29
4. Un glaçon 37
5. Ça ne s'arrange pas 43
6. Zakiya 55
7. Prisonnière ! 61
8. La danse de l'oiseau 73
9. À l'heure de la sieste 81
10. L'horrible vérité 91
11. Une famille normale 97
12. Celui que je n'attendais pas ! 103
13. Nina-des-pharaons 109
14. En douce 117
15. Le mystérieux Doctor Abdel 125
Épilogue 131

Tu as aimé *Rien ne va plus !*, découvre cet extrait de DANSE ! n° 14 : *Si j'étais Cléopâtre...*

Si Vic et Émile me voyaient, ils en resteraient baba. Je fais des maths... avec Pythagore !

Depuis que Papa s'est avoué vaincu, c'est lui mon prof. Marrant, non ? L'ennui : il prend son rôle au sérieux.

— Tu m'écoutes, Nina ?

— Oui-oui.

La table de la salle à manger nous sert de bureau. Cédric y a dressé ce décor de cauchemar : LE livre grand ouvert sur une page noire de signes cabalistiques, avec les instruments (règle, rapporteur, compas, crayons de couleur et gomme) en ordre de bataille. Devant moi, éclatante, une immense feuille blanche attend...

QUOI ?

Je n'y comprends rien.

— Bon, reprend-il, je te relis l'énoncé. *Soit ABCD un carré tel que AC = 6 cm et...*

J'ai déjà décroché. Entre les maths et moi tombe un voile noir. Les pieds bougeant avec impatience *(flex, tendu, flex, tendu)*, j'en profite pour réfléchir à... autre chose. Une école de danse... je dois me trouver une école de danse ! Et vite ! Sinon, je vais m'encroûter, me rouiller, me raidir...

— Alors, comment, procèdes-tu pour *calculer l'aire de la surface...* commence Cédric.

Je l'interromps brusquement :

— Oooh ? Tu as entendu ?

— Non.

— Je t'assure que...

Cédric me lance un regard douloureux.

— Tu me prends vraiment pour un débile...

— Pas du tout !

Je lâche mon crayon, et les yeux levés :

— Sur le toit, je chuchote. Il se passe quelque chose sur le toit...

— Il se passe surtout que tu n'as pas envie de tra...

Un boucan soudain lui coupe la parole – venu de là-haut. On se regarde. Et je dis tout bas :

— On y va ?

Nous débouchons en pleine lumière.

Ombre noire, un chat bondit du parapet vers l'immeuble d'à côté. Les cageots empilés ici par Zakiya ont dégringolé de tous les côtés...

Beaucoup de bruit pour rien !

Mais je relève une cagette démantibulée, et...

— Ça alors !

Entre deux bouts de bois cassés, se terre une tourterelle. Gribouillée de rouge, une de ses ailes pend.

J'en suis toute chamboulée.

Le bréchet de l'oiseau bat, bat, bat sous la poussée de son cœur, prêt à éclater...

Un peu plus...

Et on reste là un bon moment, sans oser le toucher.

— Tu as vu ? murmure tout à coup Cédric. Il est bagué.

— Oui.

Il porte aussi à la patte une espèce de petit tube de métal...

Bizarre !

Je dis à mi-voix :

— Il y a peut-être un message dedans...

Dans la même collection

Danse !

1. Nina, graine d'étoile
2. À moi de choisir
3. Embrouilles en coulisses
4. Sur un air de hip-hop
5. Le garçon venu d'ailleurs
6. Pleins feux sur Nina
7. Une Rose pour Mo
8. Coups de bec
9. Avec le vent
10. Une étoile pour Nina
11. Un trac du diable
12. Nina se révolte
13. Rien ne va plus !
14. Si j'étais Cléopâtre...

Tu aimes rêver,
alors découvre vite la collection

Toi + Moi = ♡

La grande histoire de Léa :

1. **Le cœur en bataille**
2. **Je t'aime, je te hais**
3. **Sauve qui peut l'amour**

Marie-Francine Hébert

4. **Rendez-vous sur la Côte d'Amour**

Michel Amelin

5. **Les carnets de Lily B.**

Véronique M. Le Normand

6. **Félix Delaunay et moi**

Shaïne Cassim

7. **Le garçon d'à côté**

Michel Amelin

8. **Avis de tempête**

Marie-Sophie Vermot

9. **Le fils de l'astronaute**

Danielle Martinigol

10. **Le bourreau de mon cœur**

Michel Amelin

11. **Gaufres, manèges et pommes d'amour**

Giova Selly

Cet ouvrage a été composé par
PCA - 44400 REZÉ

Imprimé en France sur Presse Offset par

BRODARD & TAUPIN

GROUPE CPI

7119 La Flèche (Sarthe), le 09-04-2001
Dépôt légal : février 2001

POCKET jeunesse

12, avenue d'Italie • 75627 PARIS Cedex 13

Tél. : 01.44.16.05.00